utb 3792

Eine Arbeitsgemeinschaft der Verlage

Böhlau Verlag · Wien · Köln · Weimar
Verlag Barbara Budrich · Opladen · Toronto
facultas · Wien
Wilhelm Fink · Paderborn
Narr Francke Attempto Verlag / expert verlag · Tübingen
Haupt Verlag · Bern
Verlag Julius Klinkhardt · Bad Heilbrunn
Mohr Siebeck · Tübingen
Ernst Reinhardt Verlag · München
Ferdinand Schöningh · Paderborn
transcript Verlag · Bielefeld
Eugen Ulmer Verlag · Stuttgart
UVK Verlag · München
Vandenhoeck & Ruprecht · Göttingen
Waxmann · Münster · New York
wbv Publikation · Bielefeld

Hansjörg Klausinger

Die größten Ökonomen: Friedrich August von Hayek

2., überarbeitete Auflage

UVK Verlag · München

Umschlagabbildung: © shutterstock

Bibliografische Information der Deutschen Bibliothek
Die Deutsche Bibliothek verzeichnet diese Publikation in der Deutschen Nationalbibliografie; detaillierte bibliografische Daten sind im Internet über http://dnb.ddb.de abrufbar.

2. Auflage 2020
1. Auflage 2012

– ein Unternehmen der Narr Francke Attempto Verlag GmbH + Co. KG
Dischingerweg 5 · D-72070 Tübingen

Internet: www.narr.de
eMail: info@narr.de

Einbandgestaltung: Atelier Reichert, Stuttgart
CPI books GmbH, Leck

utb-Nr. 3792
ISBN 978-3-8252-5276-2 (Print)
ISBN 978-3-8385-5276-7 (ePDF)
ISBN 978-3-8463-5276-2 (ePub)

Inhalt

Vorwort

Wie bei so vielen großen Ökonomen, deren Wirken in die Gegenwart hineinragt, ist das Werk Friedrich August Hayeks bei aller Anerkennung nicht unumstritten und die ihm gegenüber eingenommenen Positionen reichen von einer Anhängerschaft, die sich von seinen Thesen die Rettung bzw. Restauration einer Marktwirtschaft ohne Adjektive erwartet, bis zu ebenso überzeugten Kritikern, die in ihm nicht mehr als einen Apologeten einer überwunden geglaubten Form des Kapitalismus erkennen können. Als Autor dieses Büchleins versuche ich mich auf diesem Kontinuum der Meinungen in einer Position abseits der Extreme einzuordnen. Es erscheint mir offensichtlich, dass ein Buch über Werk und Wirken einer Forscherpersönlichkeit wie Hayek beim Autor ein Minimum an wohlwollendem Verständnis für dessen Thesen voraussetzt. Darüber hinaus werde ich aber Hayek weder in allen seinen Thesen und Schlussfolgerungen bedingungslos folgen, noch versuchen beckmesserisch gegen ihn Recht zu behalten: Nach Darstellung und Kritik des Hayekschen Werkes muss das Urteil letztlich der Leserin und dem Leser überlassen werden. Ein Ziel dieses Unternehmens wäre jedenfalls auch zu Lektüre und Studium des Originals anzuregen, wofür die umfangreichen Literaturangaben am Ende dieses Bandes einen Anreiz bieten mögen.

Der hier vorliegende Beitrag resultiert aus einer lange währenden Beschäftigung mit dem Werk Hayeks, besonders auf den Gebieten der Geld- und Konjunkturtheorie. Dabei habe ich auf eine Reihe von in den letzten Jahren veröffentlichten Aufsätzen zurückgegriffen, besonders jedoch auf meine Einführungen zu den jüngst erschienenen Bänden über Hayeks Konjunkturtheorie (*Business Cycles, Part I and II, The Collected Works of F. A. Hayek*, vols 7 and 8, Chicago, 2012). Allen, die mich bei diesem Unternehmen mit Rat und Kritik unterstützt haben, möchte ich hier meinen Dank aussprechen.

Zum formalen Apparat: Für Literaturangaben wird das Autor (Erscheinungsjahr)-System verwendet. Die Werke Hayeks werden prinzipiell in deutscher Übersetzung zitiert, wenn möglich nach der Ausgabe der *Gesammelten Schriften*, bei Nachdrucken bzw. Übersetzungen wird das Erscheinungsjahr der Erst- bzw. Originalausgabe in eckigen Klammern angeführt und diese eigens im

Literaturverzeichnis angegeben. Wo keine deutsche Quelle zitiert ist, handelt es sich um meine eigene Übersetzung. Die Literaturangaben zu Hayek sind in zwei Kategorien unterteilt, in der Rubrik „Wichtige Werke“ werden ausschließlich Monographien und Sammelbände, in der Rubrik „Zitierte Literatur“ die Ausgaben gesammelter Werke und Einzelbeiträge angeführt – daneben auch die Literatur von anderen Autoren.

Wien im Juli 2020

Hansjörg Klausinger

Leben und Werk - Eine Einführung

Als Friedrich August Hayek im Jahre 1974 – gemeinsam mit seinem langjährigen Gegenspieler auf ökonomischem und gesellschaftspolitischem Gebiet, Gunnar Myrdal – den Nobelpreis für Wirtschaftswissenschaften zuerkannt erhielt, waren seine Leistungen als Wirtschaftstheoretiker beinahe vergessen und stellten seine liberalen Ideen in der öffentlichen Diskussion nur eine Minderheitenposition dar. Sein wissenschaftliches Werk hatte bereits damals die Grenzen fachwissenschaftlicher Disziplinen überschritten: es reichte von der theoretischen Ökonomie über die Sozial- und Rechtsphilosophie bis zu Beiträgen zur Psychologie, zur Wissenschaftstheorie und zur Ideengeschichte. In den Hayek noch verbleibenden zwei Jahrzehnten konnte er nicht nur seine wissenschaftlichen Forschungen weiter vorantreiben, er erlebte auch eine Renaissance (neo-)liberaler Positionen und deren – von ihm durch Interventionen in die politische Auseinandersetzung unterstützte – Umsetzung in die Praxis.[1]

In der Auseinandersetzung von Zeitgenossen und Historikern mit diesem so umfangreichen und breit gefächerten wissenschaftlichen Werk wird oftmals zwischen unterschiedlichen Schaffensperioden und Schwerpunkten differenziert.[2] So geht Bruce Caldwell von einer um 1937 einsetzenden „Transformation" aus, von Hayek I, dem *theoretischen Ökonomen der Österreichischen Schule*, zu Hayek II, dem *Sozialphilosophen und Theoretiker der Wissensteilung*. Andere Interpreten von Hayeks Lebenswerk gliedern die zweite Phase noch weiter auf: einem den Gedanken des **Ordoliberalismus** verpflichteten Hayek II folge demnach der Theoretiker der **kulturellen Evolution**, Hayek III, der Spätphase. Für Philip Mirowski, der Hayek als einem Propagandisten des neoliberalen Programms mit großer Skepsis gegenüber steht, schließt sich an die vom „Missbrauch der Vernunft"-Projekt geprägte zweite Phase eine dritte mit Hayek als „evolutionären Proto-Kybernetiker" an.

Der folgende Überblick über Leben und Werk wird in den groben Linien dieser Einteilung in drei Perioden folgen.[3] Zunächst soll aber die Tradition der Österreichischen Schule der Nationalökonomie dargestellt werden, die für die wissenschaftliche Sozialisierung Hayeks von ausschlaggebender Bedeutung war.

---

1 Zu diesem Kapitel vgl. Caldwell (2004), Hennecke (2000), Ebenstein (2003) sowie als autobiographische Quellen Hayek (1983a, 1992b, 1994). Ohne jeglichen Anspruch auf Vollständigkeit seien noch als bedeutende Werke über Hayek erwähnt: O'Driscoll (1977), Gray (1984), Colonna et al. (1994a, b), Shearmur (1996), Vanberg (2001, 2011), Feser (2006), Böhm (2009), Garrison & Barry (2014), Boettke (2018) und die von Streissler (1969), Machlup (1977) und Leube (1984) herausgegebenen Festschriften.

2 Vgl. hierzu Caldwell (1988), Kolev (2013) und Mirowski (2007).

3 Der Einfachheit halber sollen diese Phasen im Folgenden als „frühe", „mittlere" und „späte" Phase bezeichnet werden.

Die Tradition der Österreichischen Schule

Als Hayek 1918 sein Studium an der Universität Wien begann, war die Politische Ökonomie an der Rechts- und Staatswissenschaftlichen Fakultät noch durch die Gründerväter der Österreichischen Schule geprägt: Carl Menger, der seinen Lehrstuhl bereits 1903 aufgegeben hatte, war sein Schüler Friedrich von Wieser nachgefolgt, der bis zu seiner Emeritierung 1922 an der Universität wirkte und als Lehrer Einfluss auf Hayek ausübte. Eugen von Böhm-Bawerk, neben Wieser der bedeutendste Ökonom der zweiten Generation der Österreichischen Schule und seit 1904 ebenfalls Professor an der Wiener Universität, war bereits 1914 verstorben.

Carl Menger (1840-1921), Autor der *Grundsätze der Volkswirtschaftslehre* (1871), gilt als Begründer der Grenznutzenschule in ihrer spezifisch österreichischen Ausprägung, die auf der Grundlage von **Subjektivismus** und **methodologischem Individualismus** die Steuerung des Wirtschaftsablaufs durch die Entscheidungen der Konsumenten betont. Für die Preistheorie bedeutet das z.B., dass nicht die „objektiven" Kosten den Preis eines Gutes bestimmen, sondern dessen subjektive Wertschätzung durch die Konsumenten. Daneben positioniert sich Menger im *Methodenstreit* mit der Jüngeren Historischen Schule, besonders mit dem die deutsche Volkswirtschaftslehre beherrschenden **Gustav von Schmoller** (1838-1917), als Vertreter des Primats der abstrakten (exakten) Theorie. Menger widersetzt sich damit nicht nur dem Historismus als Forschungsprogramm, sondern auch dessen Verständnis von der *Entstehung sozialer Institutionen*: diese würden nicht primär (wie es den Vorstellungen Schmollers und der „Kathedersozialisten" entspräche) pragmatisch, durch Planung und obrigkeitliches Dekret geschaffen, sie seien vielmehr das organische Ergebnis des Zusammenwirkens vieler individueller Entscheidungen, aus denen eine **Ordnung** im Sinne erfolgreicher Koordination entstehe. Als bekanntestes Beispiel für eine solche Entstehung von Institutionen führt Menger die spontane Herausbildung von Geld als allgemein akzeptiertes Tauschmittel aus der individuellen Verwendung unterschiedlich absatzfähiger Waren im Tauschverkehr an.

Eugen von Böhm-Bawerk (1851-1914) setzt im Sinne Mengers dessen liberale Tradition fort. Sein bedeutendster eigenständiger Beitrag ist die Entwicklung einer genuin österreichischen *Kapitaltheorie*. Kapital wird demnach durch die von der ersten Stufe der Produktion bis zur Erlangung der Konsumreife eines Gutes verstreichende Zeit repräsentiert. Je mehr „Produktionsumwege" bei der Herstellung eines Gutes eingeschlagen werden, je mehr Aufwand an Zeit daher im produzierten Gut steckt, desto ergiebiger wird das Ergebnis dieses Produktionsprozesses ausfallen. Zeit wird zu einem Produktionsfaktor, der sich in der temporalen Struktur der Produktion widerspiegelt, die Kapitalbildung äußert sich in der Bereitschaft, auf das Ergebnis des Produktionsprozesses zuzuwarten. An diese Sicht, die der schwedische Ökonom **Knut Wicksell** (1851-1926) weiter entwickelt, wird Hayek mit seinen Arbeiten zur Kapitaltheorie anknüpfen.

Friedrich von Wieser (1851-1926) wird in der Regel nicht mit einer spezifischen, herausragenden theoretischen Leistung identifiziert, vielmehr gilt er als Systematiker, dem das Verdienst zukommt, die einzelnen Lehrstücke der Österreichischen Schule miteinander – und mit Elementen der anderen neoklassischen Schulen – zu einer konsistenten Synthese verbunden zu haben. Auch wenn Wieser von der mathematischen Methode **Leon Walras**‘ (1834-1910) und der Lausanner Schule keinen Gebrauch macht, findet durch ihn die Idee eines *allgemeinen Gleichgewichts* Eingang in die Österreichische Schule. Kritiker dieses Ansatzes sehen deshalb in Wieser einen Mitverantwortlichen für Hayeks frühe Prägung als „Gleichgewichtsökonom“.

Von der nachfolgenden dritten Generation der Österreichischen Schule sind wegen ihrer Bedeutung für Hayeks Entwicklung als Ökonom Mises, Schumpeter und Mayer zu erwähnen.

Ludwig von Mises (1881-1973) wird in der Zwischenkriegszeit zur führenden Persönlichkeit der Schule und gleichzeitig zum wohl radikalsten Anhänger einer kompromisslos liberalen Doktrin. Auf theoretischem Gebiet wirkt er vor allem durch zwei Beiträge bahnbrechend: Erstens erweitert er in seiner Habilitationsschrift aus 1912, *Theorie des Geldes und der Umlaufsmittel*, den bis dahin primär als reale Analyse, d. h. ohne Einbeziehung des Geldes, konzipierten österreichischen Ansatz auf eine Geldwirtschaft. Sie enthält als kurze Skizze bereits den Kern dessen, was später als österreichische Konjunkturtheorie bekannt werden sollte, nämlich die Erklärung der Krise als Folge eines durch **Inflation** hervorgerufenen Aufschwungs und der darin beschlossenen strukturellen Fehlentwicklungen. Zweitens initiiert Mises die Debatte über die Möglichkeit der **Wirtschaftsrechnung** im Sozialismus, die sich in vieler Hinsicht befruchtend für die Analyse der Funktionsweise von Markt- und Planwirtschaft erweist. Aus beiden Beiträgen sollten sich Schwerpunkte von Hayeks theoretischen Schriften herausbilden.

Obwohl nicht dem engeren Kreis der Österreichischen Schule zugehörig, übt auch **Joseph Schumpeter** (1883-1950) einen, wenn auch weniger direkten Einfluss auf Hayek aus. 1908 habilitiert sich Schumpeter in Wien mit seiner Schrift,

Das Wesen und der Hauptinhalt der theoretischen Nationalökonomie, die sowohl durch ihre positivistische Methodologie als auch durch die Hervorhebung des Walrasschen Konzepts des allgemeinen Gleichgewichts als Grundgerüst der (statischen) ökonomischen Theorie von der Hauptlinie der Österreichischen Schule abweicht. Schumpeters Hauptwerk, die 1911 erschienene *Theorie der wirtschaftlichen Entwicklung*, stellt dem statischen einen dynamischen Ansatz gegenüber, für den die Durchsetzung des Neuen durch innovierende Unternehmer und damit Fortschritt durch fortwährende Zerstörung des statischen Gleichgewichts charakteristisch ist. Auch diese für viele Autoren der 1920er- und 1930er-Jahre beispielhafte Hinwendung zur Dynamik wird später Hayeks Werk auszeichnen.

Hans Mayer (1879-1955), der Schüler Wiesers und sein Nachfolger an der Wiener Universität, vertritt innerhalb der Österreichischen Schule eine eigenständige Linie. Er wendet sich insbesondere gegen die funktionalen Gleichgewichtstheorien (vom Typ Walras‘) und plädiert für einen kausal-genetischen Ansatz, dem es um die Nachverfolgung konkreter Prozesse in der Zeit geht, als eine Theorie des Pfades, dem die Wirtschaft, z.B. nach einer auf sie einwirkenden Störung, folge. Auch wenn Mayer ein durchschlagender wissenschaftlicher Erfolg versagt bleibt, wirkt er dennoch mit diesen Arbeiten auf die jüngere Generation ein.

Diese jüngere Generation, Zeitgenossen und großteils Studienfreunde Hayeks, bringt mit **Gottfried Haberler** (1900-1995), **Fritz Machlup** (1902-1983) und **Oskar Morgenstern** (1902-1977) weitere prominente Mitglieder der Schule hervor, mit denen Hayek oft eine lebenslange Korrespondenz und eine kaum versiegende Bereitschaft zur Diskussion ökonomischer Probleme verbinden wird.

Hayek, der theoretische Ökonom

Friedrich August von Hayek wird am 5. Mai 1899 in Wien als Sohn des Arztes und Privatdozenten der Botanik, August von Hayek, geboren, mütterlicherseits bestehen verwandtschaftliche Beziehungen zur Familie Wittgenstein, der berühmte Philosoph ist ein entfernter Cousin Hayeks. Die Nobilitierung der Hayeks lässt sich ins 18. Jahrhundert zurückverfolgen, mit der Abschaffung des Adels in der Ersten Republik geht das Prädikat „von“ verloren und wird von Hayek erst mit der britischen Staatsbürgerschaft 1938 wieder angenommen. In Wien durchläuft Hayek den traditionellen (und intellektuell nicht immer befruchtenden) Bildungsweg eines österreichischen Gymnasiums, den er mit der erfolgreichen Reifeprüfung 1917 abschließt. Unmittelbar darauf wird er zum Militärdienst eingezogen, den er an der italienischen Front ableistet, von wo er 1918 leicht versehrt heimkehrt.

Nach dem Kriegsende gerät Hayek wie viele andere Heimkehrer für einige Zeit unter den Einfluss sozialistischer Ideen. Für die im Februar 1919 stattfindenden Wahlen zur konstituierenden Nationalversammlung unterstützt er allerdings – gemeinsam mit seinem Studienkollegen Joseph Herbert Fürth – die Bürgerlich-Demokratische Partei, die eine gemäßigt liberal-deutschnationale Richtung vertritt und in deren Umkreis auch der Publizist Gustav Stolper wirkt. Bei den Wahlen erreicht sie nur ein einziges Mandat.

Sein akademisches Studium beginnt Hayek an der Universität Wien, wo er erst ein juristisches und dann ein staatswissenschaftliches Doktorat erwirbt. (Daneben pflegt Hayek auch sein Interesse an der Psychologie, aus dem eine bemerkenswerte Studie hervorgeht, die erst 1952 als *The Sensory Order* veröffentlicht wird.) Zu dieser Zeit war von den älteren Vertretern der Österreichischen Schule nur noch Wieser als Ordinarius aktiv; Mises hatte es aus den verschiedensten Gründen nur zur Stellung eines unbezahlten Privatdozenten mit dem Titel eines außerordentlichen Professors gebracht. Zunächst steht Hayek aber unter dem Einfluss von Othmar Spann, dem Exponenten eines von der Romantik geprägten „Universalismus". In seiner dem Typus der „Konservativen Revolution" zuzurechnenden Ablehnung von Individualismus, Liberalismus und Sozialismus bezieht Spann jedenfalls eine strikte Gegenposition zu den „Österreichern". Bald kommt es allerdings zum Bruch zwischen Spann und seinem „Lieblingsschüler", und wohl als eine Art Befreiung von dessen Einfluss gründet Hayek gemeinsam mit Fürth den „Geist-Kreis" als Stätte sozialwissenschaftlicher und philosophischer Diskussion. In seiner wissenschaftlichen Karriere wendet sich Hayek nun verstärkt der Österreichischen Schule zu. Eine wesentliche Rolle dabei spielt die Lektüre von Mengers *Grundsätzen*, nicht nur als theoretisches Werk, sondern auch in der Förderung des Verständnisses für das spontane Entstehen von Institutionen. In seiner Dissertation behandelt Hayek das von seinem Lehrer Wieser besonders forcierte Zurechnungsproblem. Dabei geht es um die Frage, wie den einzelnen an der Produktion eines Konsumgutes beteiligten Produktionsmitteln ihr Beitrag zum durch den Konsum erzielten Nutzen „zugerechnet" und dadurch ihr Wert bestimmt werden kann. Hayeks Dissertation bietet eine systematische, allerdings insgesamt wenig originelle Übersicht über den Gegenstand; Hayek schätzte ihren Wert im Rückblick als gering ein.

Erst nach seinem Abgang von der Universität tritt Hayek in das Umfeld seines späteren Mentors Mises und wird unter anderem regelmäßiger Teilnehmer des sog. Mises-Privatseminars. Mises, der als leitender Sekretär für die Wiener Handelskammer tätig ist, stellt Hayek auf die Empfehlung Wiesers für eine Position im für die Abgleichung der Schulden mit den nunmehrigen Nachfolgestaaten der Monarchie zuständigen Abrechnungsamt ein. Bereits 1923/24 verlässt Hayek Wien für einen auf eigene Faust und ohne institutionelle Finanzierung unternommenen USA-Aufenthalt, der ihn unter anderem an der Columbia University in Kontakt mit **Wesley Clair Mitchell** (1874-1948) bringt. Bei Mitchell, dem Vorreiter einer empirischen Konjunkturforschung, lernt er den Umgang mit den neuen statistischen Methoden, wie sie etwa vom damals berühmten Harvard Economic Service verwendet werden, kennen, aber nicht unbedingt schätzen. Wieder nach Wien zurückgekehrt, kommen Hayek die neu gewonnenen statistischen Fähigkeiten zugute, indem sie ihn für die Tätigkeit am – auf Initiative von ihm und Mises – 1927 neu gegründeten Österreichischen Institut für Konjunkturforschung qualifizieren, dessen Leitung ihm übertragen wird.

Trotz des hohen Arbeitspensums am Institut, dem erst nach und nach weitere Mitarbeiter zur Verfügung stehen, verschafft diese Position Hayek nun den benötigten Freiraum für wissenschaftliches Arbeiten. Aus einem ersten, schließlich Fragment bleibenden Buchprojekt, *Geldtheoretische Untersuchungen* (1925-29), entsteht immerhin der wichtige Aufsatz über „Intertemporales Gleichgewicht" (1928); dem folgt die Monographie *Geldtheorie und Konjunkturtheorie* (1929a), mit der er sich an der Wiener Universität, von Mayer unterstützt, habilitiert, sowie der ebenfalls veröffentlichte Habilitationsvortrag, „Gibt es einen ‚Widersinn des Sparens'?" (1929b). Die Lektüre dieses Aufsatzes bildet für Lionel Robbins, Leiter des Economics-Departments an der London School of Economics (LSE), den Anstoß, Hayek im Jänner 1931 zu einer Vortragsserie einzuladen. Die schwierigen und für das britische Publikum fremdartigen Vorlesungen machen gleichwohl Furore und werden als *Prices and Production* (1931a) publiziert – wohl das wichtigste und erfolgreichste Werk aus Hayeks früher Schaffensperiode – und sie verschaffen Hayek eine Professur an der LSE.

In London verfolgt Hayek weiter seine in *Prices and Production* grundgelegten Ansätze in der Geld-, Konjunktur- und Kapitaltheorie. Gleichzeitig positioniert er sich (gemeinsam mit Teilen des Economics Departments der LSE, unter ihnen auch Robbins) als liberaler Gegenpol zur von interventionistischem, wenn nicht gar sozialistischem Gedankengut dominierten Cambridge-Schule, als deren Exponent – neben dem Wohlfahrtsökonomen **Arthur C. Pigou** (1877-1959) – nach der Publikation der *Treatise on Money* (1930) besonders **John Maynard Keynes**

(1883-1946) hervorragt. Sowohl im engeren Bereich der Geldtheorie, in den Auseinandersetzungen Hayeks mit Keynes und Piero Sraffa, als auch in aktuellen wirtschaftspolitischen Fragen (über die Abkehr vom Goldstandard, Zölle versus Freihandel) wird bald klar, dass mit Hayek und Keynes einander Vertreter von Liberalismus und Interventionismus (bzw. einem neuen Sozial-Liberalismus) als Kontrahenten gegenüberstehen.

Den Hintergrund für die Auseinandersetzung über die Krisenpolitik zwischen (liberalem) „Restriktionismus" und (keynesianischem) „Expansionismus" bildet die Große Depression der 1930er-Jahre, die schwerste Wirtschaftskrise des 20. Jahrhunderts mit hoher Arbeitslosigkeit, Produktionsrückgängen und sinkenden Preisen. Hayeks radikale auf geldpolitischer Kontraktion, fiskalpolitischer Austerität und Zuwarten auf die Bereinigung der Krise durch die Marktkräfte beruhende Linie verliert allerdings bald an Rückhalt, sowohl in der öffentlichen Meinung als auch im fachlichen Diskurs. Dem überwältigenden Erfolg von Keynes' *General Theory* (1936) und der sich daraus in den Folgejahren entwickelnden **Keynesschen Revolution** setzt Hayek zunächst wenig Widerstand entgegen. Einerseits unterschätzt er die aktuelle, und noch mehr die säkulare, Bedeutung dieses Werkes, was unter anderem im Verzicht auf eine eigene Rezension zum Ausdruck kommt; anderseits versucht er mit der Arbeit an seinem Kapital-Projekt die Konjunkturtheorie auf theoretisch besser ausgearbeitete Grundlagen zu stellen, deren Vernachlässigung im Keynesschen Theoriegebäude er als entscheidenden Mangel ansieht. Als *The Pure Theory of Capital* (1941) schließlich erscheint, ist Hayek jedoch von der fast zehnjährigen Arbeit daran so erschöpft, dass er den Plan eines zweiten Bandes zur dynamischen Theorie aufgibt; der Einfluss seiner Kapitaltheorie auf die aktuelle ökonomische Diskussion bleibt gering. Hayeks für lange Zeit letzte Hervorbringung auf dem Gebiet der Geld- und Konjunkturtheorie, die Einführung des sog. Ricardo-Effekts, erfährt ein ähnliches Schicksal – vernichtend kritisiert, bleibt sie künftig weithin unbeachtet.

Hayek, der Theoretiker einer freiheitlichen Ordnung

Neben dem Gebiet der Geld- und Konjunkturtheorie hatte sich Hayek stets auch – insbesondere vor dem Hintergrund der Debatte um die Möglichkeit der *Wirtschaftsrechnung im Sozialismus* – mit der Aussagekraft und mit möglichen Erweiterungen der Gleichgewichtsanalyse beschäftigt. Seine ersten Arbeiten hatten auf die Integration von Zeit, Erwartungen und Geld in die Gleichgewichtsanalyse gezielt, mit dem bahnbrechenden Aufsatz „Economics and Knowledge" (1937b) tritt nun die Berücksichtigung des Problems der Kommunikation von dezentralisiertem Wissen hinzu.

Neben die altehrwürdige Idee der *Arbeitsteilung* rückt Hayek damit das Problem der *Wissensteilung* ins Zentrum der Analyse eines Marktsystems: Märkte, Preise und (die Tendenz zum) Gleichgewicht schaffen es, Informationen zu nutzen, die einer zentralen Planungsinstanz unzugänglich bleiben müssen, und dies sei es, was die Überlegenheit des Marktes begründe.

Diese Einsicht in die Bedeutung der **Wissensteilung** führt für Hayek zu einem Perspektivenwechsel sowohl innerhalb der Ökonomie – zu einer neuen Sicht auf die Rolle von Märkten, Preisen und Wettbewerb – als auch zu einer Ausweitung seines Forschungsprogramms auf den Bereich der Sozialphilosophie. Hier geht es ihm nun darum zu untersuchen, welche (historisch entstandenen) Institutionen der Funktionsfähigkeit eines solchen Systems der Wissensteilung besonders zuträglich sind. Darüber hinaus bestärkt dieser neue Ansatz Hayek auch in der Einsicht in die Beschränktheit dessen, was Ökonomie und Sozialwissenschaften an Erklärungen oder gar Voraussagen anbieten können: nämlich bloß qualitative Aussagen über das Wirken von Koordinationsmechanismen (Gleichgewicht, **spontane Ordnung**) statt scheinpräziser quantitativer Prognosen.

Mit diesem Perspektivenwechsel geht für Hayek die Periode seines Schaffens zu Ende, die primär Beiträgen zur technischen Ökonomie gewidmet war. Parallel zu seinen letzten Beiträgen zur Kapital- und Konjunkturtheorie widmet sich Hayek nun den historischen und philosophischen Strömungen, die er als verantwortlich für den neuen „Trend im ökonomischen Denken" (so schon Hayek 1933d) und die damit einhergehenden Übelstände ansieht: die Abkehr vom methodologischen Individualismus hin zu einem positivistisch inspirierten Denken in Makro-Aggregaten; der Vorrang des Formalen und Quantitativen und damit einer Schein-Präzision in der Nachahmung naturwissenschaftlicher Methoden; das Überhandnehmen sozialistischer Ideen über die Unvermeidlichkeit und Erwünschtheit von Planung in Wirtschaft und Gesellschaft; die Auslieferung der Individuen an die Allmacht des Staates als einem wohlwollenden Diktator. Nicht mehr das ökonomisch-theoretische Detail ist für Hayek von Interesse – vielleicht auch, weil in diesen Formalismen nicht unbedingt seine Stärke der Analyse liegt –, sondern die ideen- und zeitgeschichtlichen Triebkräfte einer drohenden Transformation des Denkens.

Mit einer Serie von Artikeln beginnt Hayek die Arbeit an seinem Projekt über den „Missbrauch der Vernunft", in dem er eine Konzeption der gesellschaftlichen Ordnung und eine Form von Planung kritisiert, die das Problem der Wissensteilung missachten und daher letztlich selbstzerstörerisch wirken müssen. Dabei geht es um den Versuch, der Sicht der erfolgreichen Naturwissenschaften und ihrer Ingenieursmentalität folgend, eine gesellschaftliche Ordnung wie eine große komplizierte Maschine zu konstruieren, die die Handlungen der Individuen bis ins Detail zu bestimmen und zu koordinieren sucht. Diesem **Konstruktivismus**, innerhalb dessen der **Sozialismus** im Sinne einer zentralen Wirtschaftsplanung einen Spezialfall darstellt, schreibt Hayek zwei grundsätzliche Mängel zu: Er verpflichtet die Gesellschaft auf ein einziges, der zentralen Planung zugrunde liegendes Ziel, das in Konflikt mit den vielen, voneinander verschiedenen Zielen, die die Individuen zu erreichen trachten, geraten muss. Und zudem entgeht einem solchen System der Planung der Zugriff auf jenes nur den Individuen zugängliche, „verstreute" Wissen, das bei deren Einbeziehung in den Entscheidungsprozess, durch Dezentralisierung, nutzbar gemacht werden kann.

Das Projekt als Ganzes kann Hayek nicht vollenden – eine Sammlung von Studien erscheint erst 1952 unter dem Titel *The Counter-Revolution of Science.* Aus dem als Abschluss des Projekts geplanten Teil entsteht allerdings als selbständiges Werk das erfolgreichste jemals von Hayek verfasste Buch, *The Road to Serfdom* (1944). Inhaltlich bietet es eine Erweiterung der Sozialismuskritik. Nicht nur sei der Sozialismus, als System einer zentralen Planwirtschaft, ökonomisch ineffizient, genauso zerstörerisch seien die Auswirkungen auf politischem Gebiet. Die Ausweitung der Wirtschaftsplanung (bis hin zur Zentralplanwirtschaft) führe notwendigerweise zum Verlust politischer Freiheit. Der Anspruch allumfassender Planung, die Unterwerfung aller Aktivitäten unter einen einheitlichen Willen in der Ökonomie, kollidiert mit Freiheit, Pluralismus und Demokratie in der Politik. Der Sozialismus – und in diesem Sinne sei auch der National*sozialismus* nur eine Spielart des Sozialismus – führe demnach unvermeidlich in den Totalitarismus. Der Erfolg von Hayeks dezidiert auch an ein Laienpublikum adressiertem Buch erweist sich als zwiespältig, einerseits wird das Buch – insbesondere in den USA und nach der Veröffentlichung einer Reader's Digest-Version – zum Bestseller, anderseits wird es insbesondere von „progressiven" Autoren vehement kritisiert und von anderen als zu „populär" missachtet. Für Hayek bringt jedenfalls die von seinem Verlag organisierte Vortragsreise in die USA einen unerwarteten Erfolg, der aufgrund der dort aufgenommenen Kontakte auch Folgewirkungen zeitigt.

Eine dieser Folgewirkungen ist die Unterstützung Hayeks durch der liberalen Idee verpflichtete Geldgeber, darunter Harold Luhnow und der von ihm gegründete William Volker Fund. Daraus stammt auch die Finanzierung für ein als Nachfolgeprojekt von *Road to Serfdom* gedachtes Unternehmen, aus dem eine lange während Zusammenarbeit Hayeks mit der University of Chicago und deren Economics-Department erwächst. Zunächst in Kooperation mit dem bald verstorbenen **Henry Simons** (1899-1946), sodann mit **Aaron Director** (1901-2004) und **Milton Friedman** (1912-2006), kann dieses Projekt als die Keimzelle betrachtet werden, aus der sich schließlich die *Chicago School of Economics* und der von ihr vertretene „*Neoliberalismus*“ entwickelt hat. Parallel dazu ist Hayek auch bei der Gründung der *Mont Pèlerin-Society* im Jahre 1947, die viele prominente Liberale zu ihren Mitgliedern zählt, führend aktiv; er wird für die nächsten vierzehn Jahre deren Präsident.

Einen weiteren Schwerpunkt der späten 1940er-Jahre bilden Hayeks Verbindungen zum deutschen *Ordoliberalismus*, insbesondere zur Freiburger Schule und deren Repräsentanten **Walter Eucken** (1891-1950) und **Wilhelm Röpke** (1899-1966). Hayek begrüßt nicht nur das Wiederaufleben einer liberalen Schule in Deutschland und deren wirtschaftspolitische Aktivitäten, die schließlich in der von **Ludwig Erhard** (1897-1977) durchgesetzten Währungsreform im Jahre 1948 gipfeln, sondern vertritt in diesem Zeitraum auch selbst eine Position, die Gemeinsamkeiten mit dem Ordoliberalismus aufweist. Dies kommt darin zum Ausdruck, dass Hayek durchaus für einen starken Staat eintritt, sofern er sich – im Gegensatz zum Konstruktivismus, der die Gesellschaft auf einen einheitlichen Plan verpflichten möchte – auf die Planung des institutionellen Rahmens der Wirtschaft beschränkt, auf die Festlegung von „Spielregeln“, die die wirtschaftlichen Akteure einzuhalten haben. Die Annäherung an den Ordoliberalismus erweist sich jedoch als eine bloß vorübergehende Phase, für die spätere Distanzierung sind möglicherweise neben sachlichen auch persönliche Beweggründe verantwortlich: Euckens plötzlicher Tod während eines London-Aufenthalts 1950 und das Zerwürfnis mit Röpke anlässlich eines Konflikts innerhalb der Mont Pèlerin-Society 1961/62.

Hayek, der Theoretiker der spontanen Ordnung

Am Beginn der 1950er-Jahre übersiedelt Hayek – vorwiegend aus persönlichen Gründen – von London an die University of Chicago, wo er allerdings institutionell nicht dem Department of Economics, sondern dem Committee on Social Thought angehört. Das mag auch als Hinweis darauf gedeutet werden, dass

Hayek an der Neuausrichtung der Chicago-Schule auf eine spezifische Variante des Neoliberalismus nur am Rande mitwirkt. In Chicago entsteht, als Gegenstück zu *The Road to Serfdom* mit *The Constitution of Liberty* (1960) ein positives Programm für eine zeitgemäße liberale Ordnung. Mit der umfassenden Abgrenzung der Staatsaufgaben definiert dieses Werk Hayeks Position zur Rolle des Staates, insbesondere in der Wirtschafts- und Sozialpolitik. Daneben markiert es aber auch eine Akzentverschiebung in seiner Begründung des Liberalismus: Noch stärker als zuvor wird die Beschränkung staatlicher Aktivitäten durch Regeln als Vorbedingung individueller Freiheit und die Entstehung dieser Regeln in einem Prozess der kulturellen Evolution betont. Dem entspricht die wichtige Rolle, die nun dem Wissen zugemessen wird, das durch solche evolutionäre Prozesse in sozialen Traditionen bzw. Konventionen aufbewahrt und gespeichert wird.

Auf Hayeks akademischem Berufsweg sind seine nächsten Stationen die Berufung nach Freiburg, an die Heimstätte des Ordoliberalismus, danach ein kurzes, wenig geglücktes Intermezzo an der Salzburger Universität und die Rückkehr als Emeritus nach Freiburg. In dieser Zeit entstehen zunächst die *Freiburger Studien* (1969a), und dann als Weiterführung seines Ringens um die Verfassung der Freiheit das dreibändige Werk, *Law, Legislation and Liberty* (1973-79). Darin werden die Grundideen der spontanen Ordnung und deren Herausbildung durch Selektion nochmals bekräftigt. Wichtige Schwerpunkte der einzelnen Bände bilden die Unterscheidung von spontanen und oktroyierten Ordnungen (*Kosmos* und *Taxis*), die Ablehnung des Konzepts der sozialen Gerechtigkeit und ein neuer Vorschlag eines Zweikammer-Systems für eine mit einer freiheitlichen Ordnung vereinbare Form der Demokratie.

Nach dem Nobelpreis 1974 wendet sich Hayek wieder geld- und konjunkturtheoretischen Themen zu. Mit seiner endgültigen Abrechnung mit Keynes und dem Keynesianismus verbindet Hayek eine verstärkte Agitation in der politischen Arena. Die makroökonomische Misere der 1970er-Jahre sieht er als Folge von durch den Wohlfahrtsstaat überstrapazierten Staatshaushalten, inflationistischer Geldpolitik und übermächtigen Gewerkschaften. Im Nachhinein erscheinen seine Rezepte als Blaupausen für die von den Regierungen Thatcher und Reagan vorangetriebene *neoliberale Wende*, die Hayek mit einer Vielzahl von tagespolitischen Kommentaren unterstützt. Zu dieser Zeit erscheint auch sein radikaler Vorschlag zur ultimativen Lösung des Inflationsproblems durch *Entstaatlichung des Geldes* und (private) *Währungskonkurrenz* (Hayek 1976b). Dies ist auch Hayeks Gegenentwurf zu einer europäischen *Einheitswährung*, der er ablehnend gegenüber steht.

Die letzten Worte des nun schon 89-Jährigen sind in *The Fatal Conceit* (1988), zugleich der erste Band seiner schon zu Lebzeiten geplanten Gesamtausgabe der Werke, enthalten. Radikaler in der Argumentation, aber in der logischen Stringenz mit früheren Arbeiten nicht mehr ganz vergleichbar und wohl auch vom Herausgeber stark redigiert, bietet es die abschließende Auseinandersetzung mit dem Sozialismus. Hayek stirbt am 23. März 1992 in Freiburg.

Die folgenden Kapitel sollen die Einsichten und Erkenntnisse, ebenso wie Ansatzpunkte zu Kritik, herausarbeiten, die wir Hayeks lebenslanger Auseinandersetzung mit sozialwissenschaftlichen und sozialphilosophischen Fragen verdanken.

> Manchmal sage ich im privaten Gespräch, dass ich in den Sozialwissenschaften eine Entdeckung und zwei Erfindungen gemacht habe: die Entdeckung ist der Ansatz der Verwertung verstreuten Wissens ..., und die zwei Entdeckungen, die ich gemacht habe, sind die Entstaatlichung des Geldes und mein System der Demokratie ... (Hayek 1983a, 425-426)

Gleichgewicht, Marktprozess und Wissensteilung

Die sich wandelnde Beurteilung der Rolle des Gleichgewichtskonzepts für die Erfassung wirtschaftlicher Phänomene stellt ein wesentliches Element in der Entwicklung der Hayekschen Theorie dar. Auf den ersten Blick erscheint Hayek in seiner Frühzeit (Hayek I) als ein überzeugter Gleichgewichtstheoretiker, während er sich in den späteren Phasen von der traditionellen Gleichgewichtsidee – zugunsten der Sicht der spontanen Ordnung und eines dadurch bestimmten „Stroms der Güter und Leistungen" (Hayek 1984) – entfernt. Diese Kritik darf aber nicht den Blick darauf verstellen, dass das Ergebnis von Hayeks lebenslangem Ringen um die Bedeutung des Gleichgewichtskonzepts sowohl Wandel als auch Kontinuität widerspiegelt.

Das neoklassische Gleichgewichtskonzept

Das neoklassische Konzept des allgemeinen wirtschaftlichen **Gleichgewichts** wird üblicherweise als ein Bestandteil des Prinzips des *methodologischen Individualismus* angesehen. Gemäß diesem Prinzip sind systemische (hier: gesamtwirtschaftliche) Phänomene so zu erklären, dass sie auf das Zusammenwirken von individuellen Handlungen zurückgeführt werden können. Wie Hayek später (1937b) selbst klarmacht, impliziert das zwei Typen von Erklärungen: Erstens, wird auf der Ebene des Individuums dessen Handeln erklärt, z.B. aus dem Kalkül einer rationalen Entscheidung (Ziel-Mittel-Abwägung) abgeleitet. Zweitens, bedarf es noch einer Erklärung, wie das Zusammenwirken, die Interaktion, der individuellen Handlungen gesamtwirtschaftliche Erscheinungen hervorruft. Die von der neoklassischen Theorie hierbei verwendeten Ansätze sind auf der *Individualebene* das *Rationalprinzip* bzw. auf der *Interaktionsebene* das Prinzip des *Gleichgewichts*. Im einfachsten Fall des sog. Marktgleichgewichts leiten die Haushalte (Konsumenten) ihre optimalen Nachfragepläne ab, indem sie für gegebene Güterpreise ihren Nutzen, und die Firmen (Produzenten) ihre Angebotspläne, indem sie ihren Gewinn maximieren. Ein solcher Nachfrageplan besteht dann darin, dass jeder Haushalt (und daher auch die Gesamtheit der Haushalte) angeben kann, welche Gütermenge er bei einer bestimmten Konstellation von Preisen nachzufragen plant; Analoges gilt für die Angebotspläne der Firmen. Die Ableitung dieser Pläne gehört zur Individualebene. Auf der Interaktionsebene wird sodann ein Zustand gesucht, bei dem Angebots- und Nachfragepläne übereinstimmen und daher auch wie geplant ausgeführt werden können. In unserem Beispiel bedeutet das, dass es eine Preiskonstellation gibt, bei der die Gütermenge, die die Firmen anzubieten planen, mit derjenigen übereinstimmt, die die Haushalte nachzufragen planen. Dieser Zustand stellt ein Gleichgewicht dar.

Zwei Aspekte dieses Ansatzes sind zu beachten. Erstens bedarf es spezifischer Annahmen über die Struktur des Marktes, auf dem Angebots- und Nachfragepläne aufeinandertreffen. Das sind die Annahmen des sog. *vollkommenen Wettbewerbs*, wonach unter anderem auf jeder Marktseite eine Vielzahl, im Verhältnis zum Gesamtmarkt „kleiner" Einheiten (Haushalte, Firmen) existiert, homogene (gleichartige) Güter ausgetauscht werden und vollständige Information über die Preisofferten der Anbieter und Nachfrager herrscht. Unter diesen Umständen wird sich auf dem vollkommenen Markt ein einheitlicher Preis herausbilden und kein Anbieter oder Nachfrager wird die Möglichkeit haben, den Preis individuell zu beeinflussen. Damit lässt sich das Optimierungsproblem der Haushalte und Firmen, so wie oben angeführt, für aus individueller Sicht *gegebene* Preise formulieren.

Der zweite Aspekt ist die Unterscheidung zwischen partiellem und allgemeinem Gleichgewicht. Die Analyse eines *partiellen Gleichgewichts* greift einen Markt aus dem gesamten Wirtschaftssystem heraus, leitet für diesen die Angebots- und Nachfragepläne ab und bestimmt das Marktgleichgewicht. Unter der plausiblen Annahme, dass mit einem höheren Preis die nachgefragte Menge fällt und die angebotene Menge steigt – fallende Nachfrage- und steigende Angebotskurve –, kann das Marktgleichgewicht durch die folgende Abbildung dargestellt werden: Der Schnittpunkt der beiden Kurven repräsentiert das Gleichgewicht, beim Gleichgewichtspreis p^* wird die gleiche Menge, q^*, angeboten wie nachgefragt.

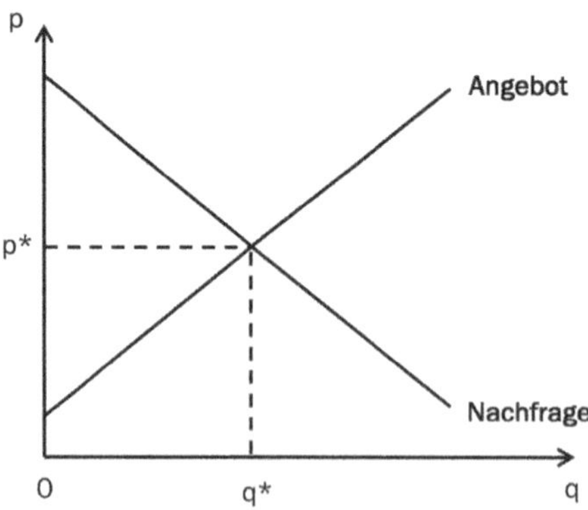

Abb. 1: Marktgleichgewicht

Bei der Analyse eines *allgemeinen Gleichgewichts* wird die Wirtschaft insgesamt als ein System von Märkten betrachtet, in das alle Märkte einbezogen sind, auf denen Güter und Leistungen getauscht werden. Aus dem Rationalkalkül abgeleitet, werden die geplanten Angebots- und Nachfragemengen eines bestimmten Gutes nicht mehr allein von dessen Preis, sondern von allen Preisen abhängen. Allgemeines Gleichgewicht bedeutet eine Preiskonstellation, so dass auf allen Märkten Angebot und Nachfrage miteinander übereinstimmen. Im Gleichgewicht werden somit die Preise und die Verwendungen der einzelnen Güter bestimmt. Mathematisch kann ein solches Gleichgewicht durch ein Gleichungssystem erfasst werden, in dem jeder Markt mit der Bedingung Angebotsmenge = Nachfragemenge eine Gleichung liefert, also bei n Märkten n Gleichungen. Angebot und Nachfrage hängen wiederum von den Preisen aller Güter ab, das sind demnach n Preise. Die Lösung dieses Gleichungssystems aus n Gleichungen und n Variablen (den Preisen) – und damit die Frage nach der Existenz, d. h. der logischen Möglichkeit, eines Gleichgewichts – ist aber keineswegs trivial.[4] Lange Zeit gaben sich die Theoretiker mit „heuristischen“ Argumenten zur Existenz des Gleichgewichts zufrieden, ehe in den 1930er-Jahren mathematische Ökonomen begannen sich mit der Existenzfrage als formales Problem auseinanderzusetzen.

Hayek, der Gleichgewichtstheoretiker

Die frühesten wissenschaftlichen Betätigungsfelder, denen sich Hayek zuwendet, sind die Geld- und Konjunktur-, später auch die Kapitaltheorie. Dabei macht er von Anfang an klar, dass seine Analyse dem Ansatz des methodologischen Individualismus im Allgemeinen und der Gleichgewichtsmethode im Besonderen folgt. Nur eine „Gleichgewichtstheorie“, „die in erster Linie durch ihr Ausgehen von der Logik des wirtschaftlichen Handelns charakterisiert“ ist (d. h. vom Rationalprinzip, das die Individuen leitet), sei imstande zu zeigen, „durch welche Umstände überhaupt gewisse Preise oder bestimmte Verwendungen gegebener Güter bestimmt werden können“ (Hayek 2016 [1929a], 11).

> Es ist jedoch unsere Kenntnis davon, wie Individuen auf Änderungen in ihrer Umgebung reagieren, die uns in die Lage versetzt, die ökonomischen Wirkungen irgend eines Ereignisses vorauszusagen. Es ist diese individualisti-

4 So ergibt sich z. B. aus dem sog. Walras'schen Gesetz, dass nur n-1 der n Gleichungen voneinander linear unabhängig sind, sodass daher nur n-1 Preise im Gleichgewicht bestimmt werden können.

> sche Methode, der wir alle Einsicht in wirtschaftliche Zusammenhänge verdanken, die wir überhaupt besitzen; und dass die moderne, subjektivistische Theorie in der folgerichtigen Benützung dieses individualistischen Gesichtspunktes noch einen Schritt über die Klassiker hinausgegangen ist, ist wahrscheinlich ihr größter Vorzug ... (Hayek 2016 [1931b], 116)

Die Hauptlinie der Österreichischen Schule geht zwar von einem Gesamtzusammenhang der wirtschaftlichen Phänomene – als „totales Gleichgewicht“ – aus, formuliert diesen aber typischerweise nicht mathematisch als allgemeines Gleichgewicht. Ansätze in dieser Richtung, an die Hayek anknüpfen kann, finden sich freilich bei Friedrich Wieser und in den Werken von Joseph Schumpeter; als weiterer wichtiger Einfluss könnte auch der schwedische Ökonom Gustav Cassel, mit der Popularisierung dieses Ansatzes in seiner *Theoretischen Sozialökonomie* (1918), genannt werden.

Wie führt Hayek nun das Gleichgewichtskonzept in seinen frühen Werken ein?

Eine erste Diskussion findet sich bereits in den Fragment gebliebenen *Geldtheoretischen Untersuchungen* (Hayek 1925-29). Mit einer anachronistischen, die spätere Entwicklung von Hayek vorwegnehmenden Formulierung könnte seine Darstellung von Gleichgewicht als die einer sich selbst regulierenden und sich selbst reproduzierenden Struktur charakterisiert werden. Diese Struktur bildet sich in Abhängigkeit von gegebenen äußeren Bedingungen, den sog. **wirtschaftlichen Daten**, heraus. Diese Daten einer Wirtschaft umfassen auf der Seite der Haushalte deren Präferenzen und Ausstattung mit Gütern und Leistungen sowie auf der Seite der Firmen deren technisch bestimmte Produktionsmöglichkeiten. Unter der Voraussetzung des Rationalprinzips und vollkommenen Wettbewerbs bildet sich bei jeder Konstellation von Daten ein bestimmtes Gleichgewicht heraus. Diesem Gleichgewicht wird die Sicherung eines „relativen Optimums“ in der Güterversorgung zugeschrieben, insbesondere da es die „Ausnützung aller theoretisch gegebenen Tauschmöglichkeiten“ impliziert.[5] Noch wichtiger ist die Eigenschaft der Beständigkeit: Bleiben die Daten unverändert, so kann das Gleichgewicht über die Zeit hinweg fortbestehen. Daraus folgt, dass für Hayek Gleichgewicht kein vom Zeitablauf abstrahierender, zeitloser Begriff ist, sondern in der Zeit existiert. Das typische

5 Vgl. Hayek (2015a [1925-29], 203 und 216n.3).

Beispiel eines solchen Gleichgewichts ist ein *stationärer Zustand*, in dem sich bei Konstanz der Daten ein und dasselbe (stationäre) Gleichgewicht im Zeitablauf ständig wiederholt.

> Dass die Selbststeuerung der Wirtschaft durch den Preismechanismus ... Voraussetzung ihres kontinuierlichen Ablaufes ist, ist die grundlegende Annahme, von der alle theoretische Betrachtung ebenso wie jede politische Stellungnahme zum bestehenden Wirtschaftssystem ausgehen muss. (Hayek 2015a [1925-29], 203)

Den Bereich, der sich auf diesen Typus von Gleichgewicht beschränkt, bezeichnet Hayek – in Übereinstimmung mit zeitgenössischen Theoretikern wie Schumpeter und Adolph Löwe – als *statische Theorie*. Gegenstand der Statik sind somit der Gleichgewichtszustand bzw. – als Folge von Datenänderungen – zu solchen Gleichgewichten hinstrebende Anpassungsprozesse. Das kritische Merkmal der Statik ist demnach die „Tendenz zum Gleichgewicht“ (Hayek 2016 [1929a], 28).

Demgegenüber ist das Objekt der *dynamischen Theorie* ein Wirtschaftssystem, das infolge welcher Ursachen auch immer kompliziertere Anpassungsprozesse als bloße Annäherungen an ein vorweg bestimmtes Gleichgewicht zulässt. In der zeitgenössischen Terminologie wird in diesem Zusammenhang von der Indeterminiertheit des Gleichgewichts gesprochen. In den *Geldtheoretischen Untersuchungen* gibt Hayek Beispiele für solche Komplikationen:[6] Nach einer Datenänderung mag das Wirtschaftssystem zwar zu einem bestimmten Gleichgewicht hinstreben, es aber in endlicher Zeit nicht völlig erreichen. Es mag sich, bevor es zu einer Anpassung zum Gleichgewicht kommt, zunächst vom Gleichgewicht wegbewegen. Oder es mag sogar der Ablauf des Anpassungsprozesses die Eigenschaften des schließlich erreichten Gleichgewichts beeinflussen. In heutiger Terminologie geht es bei den angeführten Fällen um *Stabilitätsprobleme* bzw. um das Problem der sog. *Pfaddependenz* – der Pfad, der zum Gleichgewicht hinführt, beeinflusst, wo das Gleichgewicht liegt.

Bevor sich Hayek auf die Unwägbarkeiten einer dynamischen Analyse einlässt, versucht er jedoch zu erfassen, welchen Erweiterungen die statische Analyse zugänglich ist, d.h. unter welchen erweiternden Annahmen ein statisches Gleichgewicht abgeleitet werden kann. Diese Erweiterungen gehen in drei Richtungen, nämlich die Berücksichtigung von:

6 Vgl. dazu Hayek (2015a [1925-29], 228-229, 233-236).

- korrekt vorausgesehenen *Datenänderungen*,
- *Geld* als Tauschmittel, und
- *Kapital* im Sinne einer zeitaufwändigen Produktion.

Die *erste* Erweiterung zielt darauf, an die Stelle zeitlich unveränderter Daten die Annahme zu setzen, dass sich die Daten wohl im Zeitablauf ändern, diese Änderung aber von allen wirtschaftlichen Akteuren korrekt vorausgesehen wird.[7]

Ein einfaches Beispiel hierfür wäre eine saisonal schwankende Nachfrage nach Gütern. In diesem Fall tritt, wie Hayek (wenn auch nicht im Sinne eines formalen Beweises) zeigt, an die Stelle eines sich unverändert im Zeitablauf wiederholenden stationären Gleichgewichts ein **intertemporales Gleichgewicht**, in dem Preise und Mengen durchaus (in unserem Beispiel: saisonal) schwanken können. Damit kann durch die Annahme *vollkommener Voraussicht* der Geltungsbereich der Statik über den bloß konstanter auch auf sich ändernde Daten ausgeweitet werden.

Ein besonderes Problem ist hier allerdings zu beachten, wenn die Zeiträume, auf die sich dieses intertemporale Gleichgewicht bezieht, keine „abgeschlossenen Perioden" bilden, sondern die Entscheidungen in den einzelnen Perioden (in unserem Beispiel: über den Wechsel der Jahreszeiten hinaus) voneinander abhängen. Ein solcher zeitlicher Zusammenhang liegt dann vor, wenn durch die Möglichkeit der Aufnahme und Vergabe von Darlehen für das einzelne Individuum die Budgetbeschränkung (Einkommen = Ausgaben) nicht für jede einzelne Periode, sondern bloß über den gesamten Zeithorizont erfüllt werden muss. In diesem Fall kann das Gleichgewicht der laufenden Periode nur gleichzeitig mit dem der nächsten Periode bestimmt werden, das der nächsten Periode nur gleichzeitig mit dem der übernächsten Periode usw. Insoweit es kein „natürliches Ende" für das Wirtschaftssystem gibt, kann sich der relevante Zeithorizont bis ins Unendliche ausdehnen, und für das Zustandekommen eines intertemporalen Gleichgewichts wäre es erforderlich, dass sich auch die perfekte Voraussicht bis in die unendlich ferne Zukunft erstreckte. Dies ist sicherlich eine Annahme, die – auch wenn sie in der neueren Theorie des allgemeinen Gleichgewichts regelmäßig getroffen wird – übermenschliche kognitive Fähigkeiten

7 Vgl. dazu insbesondere Hayek (1928).

der Individuen voraussetzt. Hayek geht jedenfalls bei seiner Ableitung von intertemporalem Gleichgewicht davon aus, dass es möglich wäre, sie auf endliche abgeschlossene Perioden zu beschränken.

Die *zweite* Erweiterung hat ihr Motiv darin, dass sich die statische Theorie üblicherweise auf eine *geldlose* oder *Naturalwirtschaft* bezieht.[8]

Dahinter steckt die implizite Annahme eines vollkommenen zentralen Abrechnungssystems (eine Art Clearing), durch das die Individuen alle vorteilhaften Tauschmöglichkeiten ausnützen können, ohne dass es dafür der Existenz eines allgemeinen Tauschmittels wie des Geldes bedürfte. In der Realität existiert ein solches Clearing-System nicht und ohne dieses vermag tatsächlicher Tauschhandel das Problem der mangelnden wechselseitigen Übereinstimmung der Bedürfnisse der Tauschpartner nicht zu lösen. Daher gibt es einen Anreiz, dass sich Geld als allgemein akzeptiertes Tauschmittel herausbildet. Hayek fragt nun, was die Geldwirtschaft von der perfekt organisierten Naturalwirtschaft unterscheidet und ob die *statische Theorie* überhaupt auf eine *Geldwirtschaft* angewendet werden kann. Den kritischen Unterschied sieht er darin, dass in der Naturalwirtschaft die Ausgaben für eine geplante Nachfrage simultan (in der gleichen Periode) durch Einnahmen aus einem geplanten Angebot (oder aus einer geplanten Produktion) finanziert werden müssen. Dies bedeutet unter anderem, dass unter diesen Bedingungen ein genereller Überschuss oder Mangel an Nachfrage nach Gütern unmöglich ist. In der Geldwirtschaft kann hingegen eine geplante Ausgabe über das verfügbare Einkommen hinaus durch eine Reduktion der Kassenbestände oder durch Geldschöpfung des Bankensystems finanziert werden – der umgekehrte Fall wäre eine Nachfragereduktion durch Bildung von Horten oder durch Geldvernichtung. Daher kann in der Geldwirtschaft die Identität von Gesamtangebot und Gesamtnachfrage gestört werden, an die Stelle der Simultanität der Angebots- und Nachfragepläne tritt eine Sequenz (ein Nacheinander) von Entscheidungen. Nur im fiktiven Fall, dass solche Phänomene nicht auftreten, kann demnach die Geldwirtschaft durch die statische Theorie beschrieben werden. Hayek bezeichnet diesen Fall als den des **neutralen Geldes**. Ist Geld neutral, dann kann auch in der Geldwirtschaft ein intertemporales Gleichgewicht realisiert werden.

8 Vgl. dazu Hayek (2015a [1925-29], Abschnitte 5 und 7; 1929a).

Bei der Definition des neutralen Geldes folgt Hayek (1933b) der von Johan Koopmans in die zeitgenössische Diskussion eingebrachten Begriffsklärung.

> [Es ist] der Idealtypus einer reinen Tauschwirtschaft nach den Gesetzen der Gleichgewichtstheorien … der hypothetische, in der Realität wohl überhaupt nicht denkbare Zustand, in dem gleichzeitig sowohl die Friktionserscheinungen, die sich mangels eines allgemein anerkannten Tauschmittels dem Zustandekommen eines vollständigen Gleichgewichts widersetzen, wie auch die spezifischen Änderungen, die sich infolge der tatsächlichen Einführung eines derartigen Tauschmittels in den Wirtschaftskreislauf ergeben, als nichtexistierend vorausgesetzt werden. (Koopmans 1933, 228, 230)

Diese Definition lenkt allerdings auch den Blick auf den Hauptkritikpunkt am Konzept des neutralen Geldes, nämlich die Frage nach seiner *logischen Möglichkeit*: Um neutrales Geld zu ermöglichen, müssen zunächst in die Naturalwirtschaft „Friktionen“ eingeführt werden, die eine Funktion für Geld als allgemeines Tauschmittel begründen – die perfekt organisierte Naturalwirtschaft käme ja ohne es aus. Sodann müssen durch die Einführung des Geldes alle diese Unvollkommenheiten wieder gänzlich überwunden werden, damit die Geldwirtschaft das gleiche intertemporale Gleichgewicht erzeugt wie die vollkommene Naturalwirtschaft. Erst dann ist Geld neutral. Für Hayek ist die Existenz des neutralen Geldes ein *Postulat*. Die moderne gleichgewichtsorientierte Geldtheorie hat sich an allerlei Friktionen versucht, um das Ergebnis der Neutralität abzuleiten, z. B. an der Friktion der sog. „überlappenden Generationen“, allerdings wie es scheint, ohne überzeugenden Erfolg.

Ein ähnliches Problem wie bei der Einführung von Geld stellt sich im *dritten* Fall durch die Berücksichtigung von Kapital im Sinne einer zeitaufwändigen Produktion.[9]

Auch hier kann die Simultanität der Pläne, die Identität von Gesamtangebot und Gesamtnachfrage, durchbrochen werden. Die Ursache besteht in der Zeit, die für die Produktion eines Gutes benötigt wird – bis zur Erreichung der Konsumreife muss ein Gut, ausgehend von der Urproduktion, eine Anzahl von **Produktionsstufen** durchlaufen. In einer solchen kapitalverwendenden Wirtschaft kann zwar ein einmal erreichtes Gleichgewicht (bei Konstanz der Daten) aufrecht erhalten werden, nach einer Änderung von Daten stehen einer sofor-

9 Vgl. dazu Hayek (2015a [1925-29], Abschnitt 8).

tigen Anpassung aber kaum überwindbare Hindernisse entgegen. Dies gilt insbesondere dann, wenn die Datenänderung dazu führt, dass künftig mehr oder weniger Kapital als zuvor in der Produktion eingesetzt wird und sich z.B. die Zahl der Produktionsstufen vergrößert oder verkleinert. Eine solche Änderung der **Produktionsstruktur** braucht Zeit, da die Produktion auf allen Stufen angepasst werden muss. Eine reibungslose Anpassung würde voraussetzen, dass die Änderung der Daten hinreichend lange Zeit im Vorhinein vorausgesehen wird. Dann könnte die Produktionsstruktur bereits beginnen sich anzupassen, bevor die eigentliche Datenänderung eintritt.

Die dargestellten Erweiterungen, insbesondere die Berücksichtigung von Geld und Kapital, lassen das Gleichgewichtskonzept der statischen Theorie nur noch als eine *Fiktion* zurück. Wohl geht Hayek, auch wenn er keinen formalen Nachweis führt, von der logischen Konsistenz der Gleichgewichtsidee (der „Existenz" des Gleichgewichts) aus – ein einmal erreichtes Gleichgewicht kann demnach bei Konstanz der Daten aufrecht erhalten werden. Für die Reaktion auf Datenänderungen ist jedoch die für die statische Theorie auschlaggebende Tendenz zum Gleichgewicht nicht mehr gesichert. Mit der Einführung von Geld und Kapital erscheinen alle möglichen Komplikationen denkbar, der Gleichgewichtszustand wird „fiktiv". Um die in der wirklichen Wirtschaft wirkenden Prozesse zu erfassen, muss daher über die statische Theorie hinweg zu einer dynamischen Theorie übergegangen werden. Der daraus sich ergebende Schwebezustand zwischen der Verwendung der statischen Theorie als Norm und Ausgangspunkt und der Notwendigkeit einer dynamischen Theorie für die Prozesse innerhalb einer kapitalverwendenden Geldwirtschaft charakterisiert denn auch Hayeks frühe Arbeiten zur Geld-, Konjunktur- und Kapitaltheorie.[10]

> Um den Gleichgewichtsbegriff voll anwenden zu können, müssen wir die Behauptung aufgeben, er beziehe sich auf etwas Reales. – Es scheint naheliegend, mit dem Modell eines fiktiven Zustandes zu beginnen, ... ohne jedoch zu fragen, ob dieser Zustand jemals verwirklicht werden wird oder kann. (Hayek 2006a [1941], 18, 19-20)

Gleichgewicht, Wirtschaftsrechnung und Wissensteilung

Ein zweiter wichtiger Strang für Hayeks Interpretation von Gleichgewicht ist seine Auseinandersetzung mit dem Wissensproblem. Im Gleichgewicht werden

10 Siehe dazu die Ausführungen im folgenden Kapitel.

die Preise durch das Handeln der Individuen bestimmt und bilden gleichzeitig die *Anreize und Signale*, die das Handeln der Individuen bestimmen. Die in den Preisen enthaltenen (richtigen oder falschen) Informationen über Verfügbarkeit bzw. Knappheit von Gütern spielen implizit bereits in den frühen Arbeiten Hayeks eine wichtige Rolle. Das Gleichgewicht der Statik ist beständig, weil die sich im Gleichgewicht bildenden Preise korrekte Signale darstellen und Informationen übermitteln, die mit dem Fortbestand des Gleichgewichts vereinbar sind. Im Gegensatz dazu enthält das gestörte Gleichgewicht (intertemporales *Ungleichgewicht*) Preise, die fehlerhafte Signale darstellen und falsche Informationen vermitteln. Zum Beispiel zeigt ein durch monetäre Störungen zu niedriger Zinssatz irrigerweise eine Verfügbarkeit von Sparmitteln an, die über das Ausmaß der tatsächlichen (oder „freiwilligen") Ersparnisbildung hinausgeht. Die auf dieser Fehlinformation beruhenden Pläne sind nicht intertemporal konsistent und können daher auf Dauer nicht realisiert werden, wodurch es schließlich zu einer (krisenhaften) Umstrukturierung der Wirtschaft kommen muss.[11]

Eine wesentliche Vertiefung des Verständnisses für den Zusammenhang zwischen Gleichgewicht und Wissen ist zweifellos Hayeks Mitwirkung (Hayek 1935) an der von Mises ausgelösten Kontroverse über die Möglichkeit einer *Wirtschaftsrechnung im Sozialismus* zu verdanken.[12] Dabei geht es darum, ob und wie bei arbeitsteilig organisierter Produktion die Koordination der wirtschaftlichen Aktivitäten, die Abstimmung der Pläne der Produzenten untereinander und mit denen der Konsumenten, durch eine zentrale Planbehörde in einer sozialistischen Planwirtschaft erreicht werden kann. Das zielt auf die Lösung des Wirtschaftlichkeitsproblems – welchen Verwendungen sollen knappe Ressourcen zugewiesen werden? Mises behauptet (in seiner *Gemeinwirtschaft*, 1922) die Unmöglichkeit einer solchen Wirtschaftsrechnung und damit der effizienten Steuerung durch eine Planbehörde, die ohne Märkte und Preise auskommen muss: Keine Wirtschaftsrechnung ohne Geld, Märkte und Preise! Das gilt insbesondere für die Produktionsmittel, die im Produktionsprozess eingesetzt werden und für die in einer sozialistischen Planwirtschaft keine Preise existieren, die deren Verbrauch in die ergiebigsten Verwendungen lenken könnten.

Von sozialistischen Ökonomen wurde demgegenüber vorgebracht, gerade das von der neoklassischen Ökonomie am weitesten entwickelte Modell einer Marktwirtschaft, der Ansatz des allgemeinen Gleichgewichts, zeige die formale

---

11 Zu Hayeks Konjunkturtheorie vgl. das folgende Kapitel.

12 Für einen Überblick über diese Kontroverse aus „österreichischer" Sicht vgl. Lavoie (1985).

Analogie zwischen der Markt- und der Planlösung. Das allgemeine Gleichgewicht, als idealisiertes Abbild einer Marktwirtschaft, wird mathematisch durch die Lösung eines Gleichungssystems bestimmt, wobei jede Gleichung für den Ausgleich von Angebot und Nachfrage auf einem Markt für Güter oder Produktionsmittel steht. Sind nun diese Gleichungen bekannt – und die Daten über Ausstattungen, Präferenzen und Produktionsmöglichkeiten, aus denen Angebot und Nachfrage abgeleitet werden –, so müsse die Planbehörde bloß diese Lösung finden. Damit wäre das Wirtschaftsrechnungsproblem „mathematisch" gelöst. Auf diesem Weg könnte prinzipiell sogar ein Idealzustand erreicht werden, der der Marktwirtschaft aufgrund des Einwirkens von allerlei Friktionen versperrt sei, und gleichzeitig über die Manipulation der Ausgangsausstattungen eine „gerechtere" Einkommensverteilung verwirklicht werden. Obwohl es klar war, dass diese Lösung nicht praktisch umsetzbar war, so konnte man doch in dieser Hinsicht auf die Fortschritte der Mathematik (und später der Computerwissenschaften) hoffen. In jedem Fall schien damit gezeigt, dass die Lösung des Wirtschaftsrechnungsproblems im Sozialismus, wenn auch praktisch undurchführbar, nicht logisch unmöglich war. Das war der Stand der Debatte in den späten 1930er-Jahren und im Urteil vieler Zeitgenossen war damit, zumindest auf der Ebene der Theorie, die von Mises und seinen Anhängern am Sozialismus geäußerte Kritik erfolgreich zurückgewiesen worden.

Mit seinen Arbeiten über Gleichgewicht und Wissen tritt Hayek unter anderem auch diesem Gebrauch (oder besser: Missbrauch) der Gleichgewichtstheorie entgegen. Tatsächlich könnte – bei gegebenen Daten – die Planbehörde die durch das allgemeine Gleichgewicht dargestellte Marktlösung nachvollziehen. In seinem berühmten Artikel über Wirtschaftstheorie und Wissen stellt Hayek (2007c [1937b], 142) jedoch die entscheidende Frage:

> Wem sind die Daten gegeben?[13]

Denn anders als der Theoretiker als Konstrukteur des Modells verfügt weder in einer Marktwirtschaft noch in irgendeiner denkbaren Form der Planwirtschaft ein einziger Akteur (oder eine Planbehörde) über das gesamte, in der Wirtschaft verstreute Wissen. In einer modernen Wirtschaft existiert neben der Arbeitsteilung in der Produktion auch eine *Wissensteilung*: (nur) die einzelnen Konsu-

13 Vgl. auch Hayek (2007c [1945], 57).

menten kennen ihre eigenen Präferenzen, (nur) die einzelnen Firmen kennen ihre Produktionsmöglichkeiten (bzw. haben Anreize sie herauszufinden).

Dieses *verstreute Wissen* existiert zudem oft nur in impliziter Form: Es handelt sich um informelles, lokales, stillschweigendes Wissen, das daher nicht ohne weiteres zwischen den Individuen (oder an eine Planbehörde) kommuniziert werden kann. In einer späteren, von Hayek des Öfteren als Beleg herangezogenen Studie von Michael Polanyi wird in dieser Hinsicht zwischen „theoretischem und verkörpertem Wissen“ oder auch zwischen dem „Wissen, wie“ und dem „Wissen, dass“ unterschieden:

> Wir wissen mehr, als wir zu sagen wissen. (Polanyi 1985, 14).

Für das von Hayek skizzierte Koordinationsproblem bedeutet das, dass zumindest Teile dieses verstreuten Wissens (über die „Daten“) nicht unabhängig von den Handlungen der Akteure existieren, sondern sich erst in diesen Handlungen ausdrücken und durch sie kommuniziert werden.

In einer solchen durch verstreutes Wissen gekennzeichneten Konstellation ist nun, so Hayeks Argument, die Marktlösung der Planlösung weit überlegen, weil in ihr die Zentralisierung des Wissens bei einem einzigen Akteur entbehrlich ist. Vielmehr fungieren die auf Märkten sich bildenden Preise als jener unersetzliche Mechanismus, durch den das verstreute Wissen in Preissignale aggregiert und den einzelnen Marktteilnehmern (Produzenten und Konsumenten) zugänglich gemacht wird. Die einzelnen Akteure verfügen mittels dieser Preise über Informationen über die Knappheitsbedingungen in der Wirtschaft, ohne die Fülle der einzelnen individuellen Daten kennen zu müssen, und überdies stellen die Preise für sie einen Anreiz dar, bei ihren Entscheidungen diese Knappheitsbedingungen zu berücksichtigen. Das Marktsystem erlaubt in diesem Sinne dezentrale Entscheidungen, es ist imstande, das lokal existierende Wissen für die einzelnen Akteure zusammenzufassen und nutzbar zu machen, und es tut dies mit durchaus bescheidenen Ansprüchen an die kognitiven Fähigkeiten der einzelnen Akteure. Diese müssen bloß die Preissignale „richtig lesen“, sie müssen aber nicht, um rational entscheiden zu können, je für sich das Problem des zentralen Planers lösen.

> Das bedeutungsvollste an diesem System ist die Wirtschaftlichkeit, mit der es das Wissen ausnützt, d.h., wie wenig die einzelnen Teilnehmer zu wissen brauchen, um die richtige Handlung vornehmen zu können. (Hayek 2007c [1945], 65-66)

Es ist das „Wunder" des **Preissystems** (Hayek 2007c [1945], 66), dass es das Koordinationsproblem in einer Situation der Wissensteilung löst. Das Preissystem macht – im Gleichgewicht – die Pläne und die Handlungen der einzelnen Akteure miteinander vereinbar und damit auch umsetzbar. *Vereinbarkeit der Pläne* ist für Hayek das Kriterium von Gleichgewicht, der Zustand des Gleichgewichts für eine Gesellschaft bedeute, „dass die verschiedenen Pläne, welche die sie zusammensetzenden Individuen für die Handlungen der Zukunft gemacht haben, miteinander verträglich sind" (Hayek 2007c [1937b], 144). Dem Preissystem wird (zumindest) die Fähigkeit zugesprochen, gegenüber auf das System einwirkenden Störungen eine Neuausrichtung auf das Gleichgewicht zu gewährleisten. Eine der Wissensteilung unterliegende Wirtschaft, die – wie die typische Planwirtschaft – ohne ein Preissystem auskommen muss, sei hingegen zu Fehlkoordination und Ineffizienz verurteilt.

Kritik der modernen Gleichgewichtstheorie

In diesem Zusammenhang ist zwischen der Kritik an der neoklassischen Theorie des allgemeinen Gleichgewichts und deren Missbrauch als Lösungsmodell für eine Planwirtschaft zu unterscheiden – eine Differenzierung, die auch Hayek nicht immer mit der wünschenswerten Klarheit trifft. So kritisiert er z.B. die Gleichgewichtstheorie, indem er den Ökonomen die „Gewohnheit" zuschreibt, an das Koordinationsproblem „mit der Annahme eines mehr oder weniger vollkommenen Wissens seitens fast jedermanns" heranzugehen (Hayek 2007c [1945], 66). Tatsächlich nimmt die Gleichgewichtstheorie zwar *vollkommene Koordination* auf der Marktebene (vollkommener Wettbewerb mit dem Ergebnis eines einheitlichen, individuell nicht beeinflussbaren Preises für ein Gut) und *vollkommenes Wissen* über die jeweils *individuellen Daten* an (die Firmen kennen z.B. ihre Produktionsmöglichkeiten, die Konsumenten ihre Präferenzen). Sie setzt aber nicht vollkommene Information aller Akteure über *alle Daten* voraus – das ist vielmehr gerade die Zusatzannahme, die benötigt würde, um das Modell für die Zwecke der Zentralplanung nutzbar zu machen. Insofern beschreibt auch die neoklassische Gleichgewichtstheorie ein System, in dem die Entscheidungen und das Wissen dezentralisiert sind.

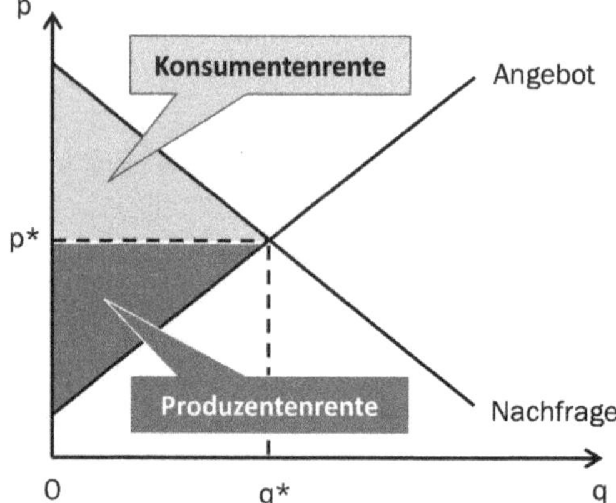

Abb. 2: Das Marktgleichgewicht als Wohlfahrtsoptimum

Es können auch mit den Mitteln der neoklassischen Gleichgewichtstheorie durchaus qualitative Aussagen über Eigenschaften eines Gleichgewichts getroffen werden, ohne dass der theoretische Ökonom (als Modellkonstrukteur) gleichsam wie ein Zentralplaner alle verstreuten Informationen besitzen müsse. (Noch weniger muss davon ausgegangen werden, dass die einzelnen Anbieter und Nachfrager *alle* relevanten individuellen Daten kennen.) Ein Beispiel ist das wohlbekannte Theorem, wonach auf einem einzelnen Markt die durch das Marktgleichgewicht bestimmte Menge diejenige ist, die die „Wohlfahrt" (im Sinne der Summe aus Produzenten- und Konsumentenrente) maximiert. Für den „Beweis" dieses Satzes braucht die Theorie bloß die Annahme „normal" verlaufender Angebots- und Nachfragekurven, keineswegs muss dafür aber der theoretische Ökonom über Wissen verfügen, das ihn befähigte, den konkreten Preis oder die konkrete Gleichgewichtsmenge für diesen Markt vorauszusagen.

Schwieriger stellt sich die Frage nach den Wissensannahmen der allgemeinen Gleichgewichtstheorie in ihrer modernen, auf die Arbeiten von Arrow und Debreu zurückgehenden Version.[14] In diesem Ansatz wird – so wie bei Hayeks intertemporalem Gleichgewicht – der Zeitablauf explizit im Modell berücksichtigt.

Das kann durch zwei Arten von Annahmen erreicht werden: Entweder es existieren annahmegemäß in der Gegenwart *alle Zukunftsmärkte für alle Güter* (allenfalls noch nach unsicheren „Zuständen der Welt" differenziert), dann können

14 Für eine Übersicht vgl. Radner (1972).

im Prinzip alle Pläne bereits in der Gegenwart formuliert und bindend vereinbart werden. Die Koordination von Produktion und Konsumtion aller (der gegenwärtigen und künftigen) Güter erfolgte damit bereits am Beginn des Zeitablaufs. Oder es existiert neben den Märkten für Güter der jeweiligen laufenden Periode noch ein zusätzlicher Markt, auf dem Kaufkraft zwischen den Perioden transferiert werden kann, dann müssen die Pläne sequentiell (in jeder Periode) formuliert und koordiniert werden. Intertemporale Konsistenz der Pläne kommt trotz des Fehlens der Zukunftsmärkte zustande, wenn für alle Akteure *vollkommene Voraussicht* angenommen wird, die sich, zeitlich unbegrenzt, auf alle künftigen Gleichgewichtspreise (bzw. deren Abhängigkeit von den Zuständen der Welt) bezieht.

Kann Hayeks Konzept des intertemporalen Gleichgewichts unter der Annahme korrekter Voraussicht der auftretenden Datenänderungen als eine Antizipation des modernen Ansatzes angesehen werden bzw. trifft seine Kritik der Wissensannahmen auf diesen Ansatz zu?[15]

Gegen eine vollständige Antizipation spricht, dass sich Hayek der formalen Konsequenzen seiner eigenen Annahmen nicht voll bewusst war: So erkannte er z. B. nicht, dass sich die von ihm sog. „abgeschlossenen Perioden" auf eine einzige, von heute bis in die unendliche Zukunft reichende Periode ausdehnen müssten. Gerade deshalb besteht Hayeks Kritik gegenüber dieser Version der Gleichgewichtstheorie weitgehend zu Recht: Denn deren Wissensannahmen stehen im schärfsten Gegensatz zu seinem Verständnis der Leistung des Preissystems. Die moderne Version vollkommener Voraussicht verlangt, dass jeder einzelne Akteur „im Kopf" das Problem eines Zentralplaners löst, nämlich für die Wirtschaft alle künftigen Gleichgewichtspreise zu finden. Im Gegensatz dazu will Hayek zeigen, wie sehr ein funktionierendes Preissystem die Akteure von der Aufgabe der Informationsverarbeitung entlastet. Kaum etwas erscheint weniger geeignet, dies zu demonstrieren, als der Ansatz der modernen Gleichgewichtstheorie.

15 Zur Frage der Antizipation vgl. Milgate (1979).

Jenseits von Gleichgewicht: Marktprozess und Wettbewerb

Von der Idee der Wissensteilung ausgehend schwächt Hayek in der Folge die seiner Analyse zugrunde liegenden Wissensannahmen immer weiter ab – weiter als dies der Analyserahmen der neoklassischen Theorie zuließe – und verschärft damit seine Kritik an den neoklassischen Konzepten von Wettbewerb und Gleichgewicht. Drei Aspekte sollen hierbei hervorgehoben werden:

- der *subjektivistische Charakter* der wirtschaftlichen Daten,
- die Rolle des *Wettbewerbs als Entdeckungsverfahren* und
- das Konzept des *Stroms* als Alternative zum Gleichgewicht.

> In Bezug auf das Koordinationsproblem betont Hayek zunehmend den *subjektivistischen Charakter* der Analyse.

Die Daten, auf denen die Pläne der individuellen Akteure beruhen, sind nicht objektiv gegeben, sondern bestehen in deren Wahrnehmungen; die Präferenzen und Produktionsbedingungen sind nur insofern relevant, als sie von den Akteuren wahrgenommen werden. „Die ‚Tatsachen' der Sozialwissenschaften" (Hayek 2007c [1943a]) sind subjektives Wissen, nicht objektive Daten. Was in diesem Sinne für das Koordinationsproblem gilt, trifft auch allgemeiner für die Charakterisierung ökonomischer Institutionen zu. Für eine so wesentliche Institution wie die des Geldes besteht das definierende Merkmal nicht in den physischen Eigenschaften des Geldgutes, sondern in der Übereinstimmung der Erwartungen der betroffenen Individuen über den Gebrauch dieses Geldgutes als Tauschmittel. Diese Einsicht macht einen Kernpunkt des von Hayek in der Tradition von Menger und Mises vertretenen Ansatzes des Subjektivismus aus.

> Es ist wahrscheinlich keine Übertreibung zu sagen, dass in den letzten hundert Jahren jeder bedeutende Fortschritt in der Wirtschaftstheorie ein weiterer Schritt in der konsequenten Anwendung des Subjektivismus war. (Hayek 2004b [1952b], 25)

Die subjektivistische Grundlage des Koordinationsproblems führt für Hayek auch zu einer Akzentverschiebung in der Charakterisierung von Gleichgewicht: Nach 1937 wird dem Kriterium der Konsistenz der Pläne gegenüber dem der Korrespondenz, der Übereinstimmung der Pläne und der in ihnen beschlossenen Erwartungen mit den „Tatsachen", der Vorrang eingeräumt. Was das „Wunder" des Preissystems zustande bringt, ist nicht eine Vereinheitlichung der Erwartungen in Richtung auf eine zeitlich unbeschränkte vollkommene Voraussicht der Zukunft. Vielmehr geht es um die Abstimmung der individuellen Pläne für eine bloß begrenzte Zeitspanne, darüber hinaus lässt Hayeks Vorstellung einer durch das Preissystem hergestellten „Ordnung" durchaus zwischen den Individuen divergierende, heterogene Erwartungen zu.

Die Bedeutung des subjektivistischen Charakters der individuellen Erwartungen wird von Hayek selbst und von manchen seiner Anhänger in unterschiedlich starkem Ausmaß betont. Besonders hervorgehoben wird dieser Aspekt vom *radikalen Subjektivismus*, wie ihn **Ludwig Lachmann** (1906-1990) und **G.L.S. Shackle** (1903-1992) vertreten – für sie sind heterogene und sich plötzlich ändernde Erwartungen typisch für den Marktprozess. Die Koordination von Märkten angesichts von divergierenden Erwartungen ist hierbei nach Lachmann insbesondere für Finanzmärkte typisch: Das Preissystem bringt auf Finanzmärkten keine Homogenisierung der Erwartungen zustande, vielmehr leitet es z. B. Vermögenstitel in die Hände von denjenigen, die deren Wert am höchsten einschätzen – eine Funktion des Preissystems, die mit der Vorstellung vollkommener Voraussicht unvereinbar ist. Mit der Möglichkeit von plötzlichen Änderungen in den Erwartungen kommt ein zusätzliches Element der Dynamik hinzu: Marktprozesse sind nicht länger nur von Anpassungen an vergangene Störungen bestimmt – also *rückwärts*gerichtete Anpassungen, sondern können auch – *vorwärts*gerichtet – durch Erwartungsänderungen aufgrund der Wahrnehmung neuer „Tatsachen" vorangetrieben werden. Aus subjektivistischer Sicht lässt sich der Marktprozess nicht durch den Ablauf eines „Uhrwerks" darstellen, sondern besser durch den Wechsel der Bilder, die ein Kaleidoskop erzeugt. Daraus leitet sich auch die von Lachmann und Shackle propagierte Bezeichnung „*kaleidic society*" ab.[16]

> Die zweite Schlussfolgerung aus dem Ansatz der *Wissensteilung* ist die gegenüber dem neoklassischen Standpunkt gewandelte Sicht des *Wettbewerbs.*

Der *vollkommene Wettbewerb* der Neoklassik beschreibt einen Zustand, in dem – wie oben bereits angemerkt – sich ein einheitlicher Preis auf dem Markt her-

16 Vgl. z. B. Shackle (1972) und Lachmann (1976). Lachmann und Shackle hatten in den 1930er-Jahren bei Hayek an der LSE studiert, wobei Shackle eine Synthese des Hayekschen Subjektivismus mit (fundamental-)keynesianischen Ideen anstrebte.

ausgebildet hat, auf den keiner der Marktteilnehmer allein Einfluss ausüben kann, die Konsumenten und Produzenten ihre Pläne bestmöglich, angesichts ihrer Präferenzen und Produktionsmöglichkeiten, formuliert haben, und schließlich „das Preissystem" diese Pläne in Übereinstimmung gebracht hat. Dieses Gleichgewicht beschreibt demnach den (fiktiven) Endzustand, der von Marktprozessen bei Konstanz aller Daten erreicht würde. Es ist somit der Zustand, in dem der Wettbewerb im üblichen Sinne des Wortes aufgehört hat: „‚vollkommener' Wettbewerb bedeutet tatsächlich das Fehlen aller wettbewerbliche Tätigkeiten" (Hayek 2003b [1948c], 111). Im Gegensatz zu diesem Gleichgewichtszustand ist der Prozess, der tendenziell die Koordination auf dem Markt herbeiführt, durch gerade solche wettbewerbliche Aktivitäten wie „Werbung, Preisunterbietungen, Verbesserungen (oder ‚Differenzierung') der hervorgebrachten Güter" (ibid.) charakterisiert. Demnach ist das Merkmal von „freiem Wettbewerb" weder die Struktur noch das Ergebnis des vollkommenen Wettbewerbs, sondern vielmehr das Vorherrschen solcher wettbewerblicher Aktivitäten, wie sie durch die Offenheit (oder „Bestreitbarkeit") von Märkten gewährleistet wird.[17]

Ein anderer Aspekt, den Hayek bei seiner Kritik des neoklassischen Wettbewerbskonzepts anspricht, ist die Annahme, die einzelnen Akteure verfügten bereits vor und unabhängig von den Marktprozessen über vollkommenes Wissen bezüglich ihrer eigenen Entscheidungsgrundlagen. Das übersieht die Funktion des Wettbewerbs als Anreiz für die Entstehung dieses Wissens oder, wie Hayek es nennt, des „Wettbewerbs als *Entdeckungsverfahren*" (Hayek 1969e). Es ist demnach erst die Situation des Wettbewerbs, die die Produzenten dazu bringt, ihre Produktionsmöglichkeiten herausfinden (den Verlauf ihrer Produktionsfunktionen zu entdecken), oder die Konsumenten dazu, sich ihrer Präferenzen gewahr zu werden.

Dahinter steckt auch die Berücksichtigung des „unternehmerischen Elements": die Produzenten agieren nicht auf der Basis gegebenen Wissens, sondern versuchen neues Wissen zu entdecken, neue Konstellationen zu schaffen. Marktprozess, Wettbewerb und unternehmerisches Handeln sind daher aus Hayeks Sichtweise eng miteinander verknüpft. Die Ähnlichkeiten mit anderen Konzeptionen des unternehmerischen Handelns sind unverkennbar und sollen an zwei Beispielen herausgestellt werden: Da ist einerseits die Schumpetersche Idee des Unternehmers als Durchsetzer von Innovationen (z.B. neuen Produkten und

17 Die Konsequenzen dieser Sicht für die Wettbewerbspolitik werden weiter unten thematisiert (siehe „Wirtschaftspolitik in einer freiheitlichen Ordnung").

neuen Produktionsverfahren), die bestehende Gleichgewichte aufheben und über einen Prozess der „schöpferischen Zerstörung" wirtschaftlichen Fortschritt bewirken. Und da ist anderseits die komplementäre Sicht von **Israel Kirzner** (1930-), des Unternehmers als Arbitrageur, der unausgenützte Gewinnmöglichkeiten realisiert und damit Gleichgewicht nicht zerstört, sondern herbeiführt.[18] In beiden Fällen, wie in dem Hayeks, ist der Marktprozess das Primäre und wird die Frage nach dem schließlich erreichten Gleichgewichtszustand sekundär.

Es verbleibt die Frage, welche Rolle dem Gleichgewichtskonzept in Hayeks letzter Analyse überhaupt noch zukommt bzw. welche Alternativen er anbietet.

Mit seiner Hinwendung zu Konzepten der evolutionären Entstehung sozialer Strukturen geht Hayek in seinem Spätwerk von der Terminologie des Gleichgewichts ab und ersetzt diese durch die *spontane Ordnung* bzw. die *Katallaxie* als spontane Ordnung der Wirtschaft. Diese Ordnung, als Koordination individueller Handlungen, wird als ein im Zeitablauf durch unablässige Anpassungsreaktionen gekennzeichneter Prozess gedacht. Ohne dass dieser Prozess einen beständigen Zustand im Sinne eines Gleichgewichts erreichen kann, sind die auf Störungen erfolgenden Reaktionen doch stets auf eine Wiederherstellung von Koordination gerichtet. Diese Reaktionen resultieren einerseits aus verzögerten Anpassungen an vergangene Störungen – Verzögerungen, die z. B. durch die zeitaufwändige Veränderung der Kapitalstruktur bedingt sein können. Anderseits können sie auf Änderungen in den Erwartungen, auf die Entdeckung neuer künftiger Gewinnmöglichkeiten zurückgehen. Wie oben erwähnt, ist es ein Nebeneinander solcher rückwärts- und vorwärtsgerichteter Prozesse, die diese Anpassung auszeichnet.

In einer seiner letzten Stellungnahmen zum Koordinationsproblem lehnt Hayek das Gleichgewichtskonzept als Mittel zur Beschreibung der Realität einer Marktwirtschaft rundweg ab und behauptet, er habe „nie einen Zweifel über die [geringe, HK] direkte Bedeutung der Gleichgewichtsanalyse für die Erklärung empirisch zu beobachtender Erscheinungen" gehegt. Gleichgewicht sei ihm bloß als „ein sehr nützliches Konzept erschienen, um die Art von Ordnung zu erklären, zu der der Wirtschaftsprozess tendiert, ohne sie jemals zu erreichen" (Hayek 1983a, 187-188). Nun aber zieht er die Analogie mit einem *Strom* vor und

18 Vgl. Schumpeter (1911 und 1946, Kapitel 7) sowie Kirzner (1978).

sieht die Entwicklung der Wirtschaft durch Faktoren bedingt, wie sie „den Lauf des Wassers in einem sehr unregelmäßigen Flussbett bestimmen“ (ibid.) Für diesen „Strom der Güter und Leistungen“ wird die Erreichung von Gleichgewicht schlichtweg unmöglich.

> Genaugenommen kann eigentlich *ein Strom niemals im Gleichgewicht sein*, denn gerade das Ungleichgewicht hält ihn in Fluss und bestimmt seine Richtung. (Hayek 2001 [1984], 169)

Mit der Konzeptualisierung der Wirtschaft als einen von individuellen Entscheidungen und Handlungen bestimmten Strom grenzt sich Hayek nicht nur gegen die Verwendung des Gleichgewichtskonzepts ab, sondern auch gegen jede Form einer „Makroökonomie“, d. i. gegen eine theoretische Analyse der Wirtschaft an Hand von gesamtwirtschaftlichen, aggregierten Größen, die nicht aus individuellen Entscheidungen abgeleitet werden.

Vorläufige Würdigung

Im Rückblick kann Hayeks lebenslange Auseinandersetzung mit dem Gleichgewichtskonzept als eine Art „Befreiungskampf“ betrachtet werden. War dieser erfolgreich? Zweifellos offenbart sich in Hayeks Werk eine stetig zunehmende Kritik an den Annahmen der traditionellen Gleichgewichtstheorie – so fundamental, dass es gewiss keine Rolle spielt, dass sich der späte Hayek gegenüber den neuen Entwicklungen der Gleichgewichtstheorie in einer Attitüde der wohlwollenden Missachtung übte. Damit verstärkte sich für Hayek die von Anfang an präsente Sicht von Gleichgewicht als einer bloßen *Fiktion*. Trotzdem ist aber auch in seinen letzten Schriften das Spannungsverhältnis zwischen der Fiktion des Gleichgewichts und der Realität der Wirtschaft als Strom nicht gänzlich überwunden. Wie ließe es sich sonst erklären, dass Hayek als Maß für die Funktionstüchtigkeit einer marktwirtschaftlichen Ordnung die „durchschnittliche Nähe zum Gleichgewichtsideal“ (Hayek 2001 [1984], 170) heranzieht? Insgesamt mag man das doch als Evidenz ansehen, dass Hayek – bei aller Schwierigkeit einer klaren Trennlinie – als ein Vertreter eines „Ungleichgewichts-“, nicht aber eines „gleichgewichtslosen“ Ansatzes anzusehen ist.

Auch wenn Hayek im Wandel seines Ansatzes von der Vorstellung einer Tendenz zum Gleichgewicht zur Idee der spontanen Ordnung und der Wirtschaft als Strom übergeht, so bleibt doch die Frage nach der diesem Strom zuzuschreibenden Selbstregulierungskapazität offen. Die Überzeugung von der Existenz einer solchen Fähigkeit zur Selbstregulierung kann in Hayeks Analyse nicht

„bewiesen“ werden, sondern ist ein Glaubenssatz. Die Möglichkeit, dass Marktkräfte in bestimmten Situationen nicht spontane Ordnung, sondern Chaos, gescheiterte statt erfolgreiche Koordination herbeiführen können, ist nicht von vorneherein auszuschließen.

Die frühe Geld-, Konjunktur- und Kapitaltheorie

In der frühen Phase zeichnet sich Hayeks Wirken durch eine eigenständige Fortführung des österreichischen Ansatzes der Geld-, Konjunktur- und Kapitaltheorie aus.[19] Hier vertritt er angesichts der Vielzahl wirtschaftspolitischer Problemlagen eine dezidiert liberale Position und gerät zunehmend in Konflikt mit den Befürwortern aktiver „stabilisierender" Eingriffe in den Wirtschaftsablauf, wie sie in den 1930er-Jahren insbesondere von Keynes und seinen Anhängern propagiert werden. Dieses Kapitel wird die Zeit bis zum Zweiten Weltkrieg behandeln, als die Positionen von Hayek und Keynes einander in der Sicht der Fachwelt als ebenbürtige Alternativen gegenüberstanden. Hayeks späte Beiträge, seine lebenslange Auseinandersetzung mit der Keynesschen Revolution nach 1945 werden im folgenden Kapitel dargestellt.

Historischer und ideengeschichtlicher Hintergrund

Hayeks Grundpositionen in der Geld- und Konjunkturtheorie wurden durch die spezifische Sicht der Österreichischen Schule auf die krisenhafte Wirtschaftsentwicklung nach dem Ersten Weltkrieg geprägt.

In wirtschaftlicher Hinsicht war die Nachkriegsgeschichte Mitteleuropas durch die Zerrüttung der Staatsfinanzen angesichts der aushaftenden Kriegsanleihen, die Schwierigkeiten der Rückwandlung der Kriegs- in eine Friedenswirtschaft und vor allem die zunehmende Desintegration des vormals einheitlichen Wirtschaftsraumes der Österreichisch-Ungarischen Monarchie gekennzeichnet. Elend, Hunger und Krankheit, verschärft durch die Epidemie der „spanischen Grippe" 1918/19, waren weit verbreitet. Für die Republik Österreich,[20] den „Rest" der einstigen Monarchie, wollten unter diesen Umständen nur wenige die Möglichkeit des wirtschaftlichen Überlebens als selbständiger Staat bejahen, und viele strebten als Lösung den Anschluss an das Deutsche Reich an. Für das staatliche Budget schufen die akuten Wirtschaftsprobleme, wie die Kriegsanleihen und die Verbindlichkeiten gegenüber den Nachfolgestaaten, die hohe Ar-

---

19 Als wichtigste Beiträge aus dieser Periode sind zu nennen: das Buchfragment (Hayek 1925-29), die Monographien *Geldtheorie und Konjunkturtheorie* (1929a) und *Preise und Produktion* (1931b), die Arbeiten über intertemporales Gleichgewicht (1928) und über den „Widersinn des Sparens" (1929b); nach 1936, dem Jahr der Publikation von Keynes' *General Theory*, erschienen eine Studie zur internationalen Währungsordnung (1937a), die Aufsatzsammlung mit der Einführung des „Ricardo-Effekts" (1939, 1942), und zuletzt Hayeks *opus magnum* zur Kapitaltheorie (1941). – Für eine Neuinterpretation vgl. Garrison (2001) und Horwitz (2000).

20 Vgl. dazu die Beiträge in Konrad & Maderthaner (2008).

beitslosigkeit und die politische Notwendigkeit kostspieliger Nahrungsmittelsubventionen, Ansprüche an die Finanzierung, die aus den regulären Steuermitteln einer krisengeschüttelten Wirtschaft nicht zu befriedigen waren. Wie in anderen Ländern Mitteleuropas (z. B. Deutschland und Ungarn) bestand der letzte Ausweg in der Monetisierung der Defizite durch die Geldschöpfung der Notenbank. Das Ergebnis war hohe und in der Endphase 1922/23 Hyperinflation: Ehe 1923 die Währungsreform mit Hilfe einer Völkerbundanleihe gelang, war der Wert der Krone im Vergleich zu 1918 auf ca. ein Fünftausendstel gefallen. Der Inflation und der von ihr hervorgebrachten kurzzeitigen „Scheinprosperität" wurden eine Fülle negativer Folgen zugeschrieben: die Entwertung des Vermögens der Mittelschichten und die Bereicherung der Spekulanten, die unvermeidliche Stabilisierungskrise mit dem Abbau von Beamten, dem Anstieg der Lebensmittelpreise und einer Serie von Bankenpleiten. All dies traumatisierte nicht nur das kollektive Gedächtnis der österreichischen Bevölkerung, es prägte auch die Sicht der Ökonomen der Österreichischen Schule, schienen diese Erfahrungen doch die Warnungen vor einer Politik des „**Inflationismus**" (Mises 1924, 200-225) eindrücklich zu bestätigen.

Der wirtschaftlichen Katastrophe der Hyperinflation entsprach aus Sicht der „Österreicher" ein Versagen der deutschen Wissenschaft. Denn die Mehrheit der in der Tradition der Historischen Schule ausgebildeten Ökonomen hätte sich den Erkenntnissen des monetären Ansatzes verschlossen und die Hyperinflation im Lichte der sog. *Zahlungsbilanztheorie* interpretiert: Diese sah die Ursache in einem strukturellen Defizit der Handels- bzw. Leistungsbilanz, in der Folge verteuerte die dadurch ausgelöste Abwertung der Währung Importe und Lebenshaltungskosten und führte zu Lohn- und Preissteigerungen. Um diese zu akkommodieren, war die Notenbank „gezwungen", die Geldmenge passiv anzupassen usw.[21] So gesehen, exkulpierte dieser Ansatz Fiskal- und Geldpolitik von der Verantwortung für die Inflation und deren Folgen.

Die traditionelle monetäre Erklärung von (Hyper-)Inflation liefert die *Quantitätstheorie.* Prominentester zeitgenössischer Vertreter dieser Theorie war **Irving Fisher** (1867-1947),[22] aber auch Mises und die Österreicher hingen dieser Erklärung der Inflation an.

---

21 Vgl. dazu differenziert Janssen (2009, 315-329).

22 Vgl. Fisher (1911).

Die *Grundgleichung* der *Quantitätstheorie* ist: $M \times V = P \times Q$.

Die Gleichung bezieht sich auf die in einer Wirtschaft innerhalb einer Periode getätigten Umsätze von Gütern und Leistungen im Austausch gegen Geld: Die linke Seite misst den dabei entstehenden Geldstrom als Geldmenge (M) mal Umlaufsgeschwindigkeit (V), d. i. die Anzahl, wie oft eine Geldeinheit für Umsätze verwendet wird. Die rechte Seite misst den Wert des Güterstroms als Preisniveau (P) mal Gütervolumen (Q). Da Geld- und Güterstrom das Gleiche messen, müssen die Werte identisch sein. Im Sinne der Quantitätstheorie wird die Geldmenge M von der Geldpolitik (bzw. der Zentralbank) kontrolliert. Eine beständige Erhöhung von M führt, bei konstantem V, zu einer beständigen Erhöhung von $P \times Q$. Diese äußert sich zunächst (kurzfristig) als Wirtschaftswachstum (eine Zunahme von Q); langfristig wird sich der monetäre Impuls aber bloß in einem Anstieg des Preisniveaus, in „Preisinflation",[23] niederschlagen. Angewandt auf die österreichische (und deutsche) Hyperinflation sieht die Quantitätstheorie die Ursache in der exzessiven Zunahme der Geldmenge, die die Zentralbank – in Reaktion auf die defizitären Staatsfinanzen – zugelassen hat.[24] Daraus folgt ein simples Rezept zur Bekämpfung der Inflation: ein Ende der Geldschöpfung durch die Zentralbank und als Voraussetzung die Sanierung der Staatsfinanzen!

Auch wenn Hayek die Quantitätstheorie als zu „mechanistisch" ansieht, um für eine monetäre Erklärung des Konjunkturphänomens auszureichen, ist sie für ihn doch als Nachweis der monetären Ursachen von Inflation unentbehrlich:

> Ich bin ... bereit zuzugeben, ... dass von praktischen Gesichtspunkten aus es überaus folgenschwer werden könnte, wenn die weiteren Kreise des Publikums jemals wieder aufhören sollten, an die elementaren Sätze der Quantitätstheorie zu glauben. (Hayek 2016 [1931b], 116)

Wenn nun Hayek daran geht, eine Theorie der Konjunkturschwankungen ausgesetzten Geldwirtschaft zu entwickeln, dann baut er einerseits auf diesen historischen Erfahrungen auf, die ihn darin bestärken, in der Inflation die Ursache von Konjunkturen und Krisen zu sehen. Anderseits greift er für seine Theorie

23 Es ist zu beachten, dass im zeitgenössischen Schrifttum, besonders der Autoren der Österreichischen Schule, mit „Inflation" typischerweise der Anstieg der Geldmenge, und nicht des Preisniveaus, bezeichnet wird.

24 Hinzu kommt bei hoher Inflation die Beschleunigung von V, weil ein Anreiz besteht, das sich entwertende Geld möglichst schnell wieder auszugeben.

auf Elemente der Lehre der Österreichischen Schule zurück. Die wichtigsten sind:

- die Erweiterung der Quantitätstheorie durch Wicksells Analyse von *Geldschöpfung und Zinsmechanismus*;
- die auf Mises zurückgehende Erklärung der Konjunktur aus *strukturellen Effekten der Inflation*;
- die Anwendung der *österreichischen Kapitaltheorie* zur Beschreibung der *Änderungen in der Produktionsstruktur*;
- und schließlich der Versuch alle diese Elemente – mit den Mitteln des *Gleichgewichtsansatzes* – in den Korpus der reinen (oder statischen) Theorie zu integrieren.

Hayeks Konjunkturtheorie

Hayeks Konjunkturerklärung ist monetär und strukturell zugleich. Sie betont im gleichen Maße „die *monetären Ursachen* ..., die die Konjunkturzyklen *auslösen*", wie auch „die *realen Verschiebungen* im Aufbau der Produktion ..., die jene Schwankungen konstituieren" (Hayek 2016 [1931b], 104). Kürzest möglich zusammengefasst besagt sie, dass die Aufschwungphase der Konjunktur monetär – durch Geldschöpfung bzw. Inflation – hervorgerufen wird und strukturelle Fehlentwicklungen in der Wirtschaft bewirkt. Spätestens mit dem Aufhören der Inflation im Stadium der Hochkonjunktur kann diese Struktur nicht länger aufrecht erhalten werden und es muss zur Krise kommen. In der Abschwungphase bilden sich die Verzerrungen des Aufschwungs wieder zurück, die dabei entstehenden Symptome einer Depression, das gleichzeitige Auftreten von Arbeitslosigkeit und Überkapazitäten, resultieren aus der trägen Anpassung der Produktionsstruktur.[25]

Vor dem Hintergrund von Hayeks Konzept des intertemporalen Gleichgewichts sind die im Aufschwung durch Geldschöpfung verursachten Verzerrungen als Abweichungen vom Ideal eines neutralen Geldes zu interpretieren. Sie sind das Ergebnis von durch Geldschöpfung ausgelösten Effekten auf die Zusammensetzung der Güternachfrage – sog. „Cantillon-Effekten", in Anlehnung an den

25 Hayek bedient sich der üblichen Bezeichnung der Konjunkturphasen: Aufschwung – Hochkonjunktur – Krise – Depression.

Ökonomen **Richard Cantillon** (ca. 1680-1734).[26] Diese Effekte wirken – einer zentralen Einsicht der Geldtheorie von Wicksell folgend – insbesondere auf den Zinssatz. In einer Naturalwirtschaft wäre der Zinssatz – *der natürliche* oder *Gleichgewichtszinssatz* – durch die realen Faktoren des Kapitalmarkts bestimmt: das Angebot an ersparten Mitteln einerseits und die Nachfrage nach Kapitalbildung anderseits, wobei letztere vom erwarteten Ertrag der Investitionen und diese wiederum vom existierenden Kapitalstock abhängen. Ist Geld nicht neutral und kommt es z.B. in der Wirtschaft zu Geldschöpfung, so wird der in der Geldwirtschaft herrschende *Geldzins* vom Gleichgewichtszinssatz *abweichen.*

Vor der Behandlung des Konjunkturproblems sind noch kurz die Gesetzmäßigkeiten der statischen Theorie darzustellen, denen die *neutrale Geldwirtschaft* unterliegt: Es herrscht Vollbeschäftigung, gesichert durch einen flexiblen Reallohn, auf dem Kapitalmarkt bringt der Zinssatz Sparen und Investieren in Übereinstimmung und damit gleichzeitig auch Angebot und Nachfrage im Konsumgüter- und Kapitalgütersektor. In *Prices and Production* (1931a) verwendet Hayek ein Schema, in dem der Kapitalgütersektor als eine Folge von hintereinander geschalteten Produktionsstufen dargestellt wird, die von allen Gütern auf dem Weg von der Urproduktion zur Konsumreife durchlaufen werden müssen. Diese starke Vereinfachung erlaubt es, die Produktionsstruktur durch eine durchschnittliche **Produktionsperiode** darzustellen.[27] Eine längere Produktionsperiode bedeutet hier eine größere Anzahl von Produktionsstufen und indiziert eine kapitalintensivere, zeitaufwändigere Produktion. In diesem Schema lassen sich die Effekte einer Erhöhung des **freiwilligen Sparens** (als Ausdruck einer verminderten Zeitpräferenz, d.i. der Präferenz für gegenwärtigen Konsum) wie folgt ableiten: Einem höheren Angebot an Sparmitteln entspricht ein *niedrigerer Zinssatz*, dieser schafft den Anreiz zu einer *Verlängerung der Produktionsperiode*, die eine *Steigerung der Produktion* von Gütern und Leistungen ermöglicht. Bei unverändertem Arbeitsangebot und Vollbeschäftigung führt dies zu *höherem Reallohn und Konsum.* Sparen und kapitalintensivere Produktion sind daher in dieser Sichtweise die Quellen des wirtschaftlichen Fortschritts. Im Rahmen seiner Konjunkturtheorie will Hayek zeigen, dass im Gegensatz dazu das durch Geldschöpfung **erzwungene Sparen** diese vorteilhaften Eigenschaften *nicht* besitzt.

In der *nicht-neutralen Geldwirtschaft* wird die Geldschöpfung zum Auslöser von Konjunkturen und Krisen. Für die *Ursachen der Geldschöpfung* liefert Hayek (1929a,

26 Vgl. dazu Hagemann & Trautwein (1998).

27 Zur Problematik der durchschnittlichen Produktionsperiode siehe unten, Abschnitt 6.

Kapitel 4) eine innovative Begründung. Während Mises, auf dessen Ansatz Hayek sonst aufbaut, die Ursache in der inflationistischen Politik der Notenbanken sieht – als Reflex der Vorliebe der Öffentlichkeit für (zu) niedrige Zinsen, wird die Tendenz zur Geldschöpfung bei Hayek zu einem inhärenten Merkmal des Geschäftsbankensystems. Ausschlaggebend ist dabei die Institution des „fractional reserve banking", wonach das von den Banken im Wege des Kredits geschaffene Buchgeld (Sichteinlagen) nicht zu 100% durch Zentralbankgeld gedeckt sein muss. Diese geringere als 100%ige Reserveverpflichtung ermöglicht es den Geschäftsbanken, ihr Einlagen-Reserven-Verhältnis flexibel anzupassen. Für die einzelne Bank gibt es daher bei einer Ausweitung der Kreditnachfrage seitens der Investoren einen Anreiz, darauf mit einer Ausweitung des Angebots zu unveränderten Konditionen (Zinssätzen) zu reagieren und nicht, wie dies bei neutralem Geld der Fall sein müsste, mit einer Erhöhung des Zinssatzes. Insbesondere wenn alle Banken im Gleichschritt agieren, wird dadurch das Kreditangebot im Rahmen des Geldschöpfungspotentials über die verfügbaren Sparmittel hinaus erhöht. Im Gegensatz dazu könnte bei neutralem Geld das Kreditangebot nur in dem Ausmaß erhöht werden, als es durch einen Anstieg des „freiwilligen" Sparens gedeckt ist. Der Clou von Hayeks Argumentation ist jedoch, dass in dem von ihm beschriebenen Bankensystem die einzelne Bank nicht mehr unterscheiden kann, ob ein von ihr gewährter zusätzlicher Kredit auf einer Zunahme der Ersparnis oder auf Geldschöpfung beruht. Die Geldschöpfung im Aufschwung wird somit für Hayek zu einer automatischen Reaktion eines auf geringerer als 100%iger Reservehaltung beruhenden Bankensystems.

Für die Erklärung des Aufschwungs geht Hayek von einer durch Geldschöpfung zustande gekommenen Ausweitung der Kreditvergabe der Banken aus. Neben einer Verbesserung der Gewinnerwartungen kommt dafür auch eine autonome Aktion der Geschäftsbanken (oder der Notenbank) als Ursache in Frage. Im letzteren Fall führt dies zu einer Senkung des Geldzinses bei unverändertem natürlichen Zins.[28] Während ein mit dem natürlichen Zins übereinstimmender Geldzins die Investitionsnachfrage auf das Niveau des freiwilligen Sparangebots beschränkt, stellen nun die Banken den Produzenten darüber hinausgehend zusätzliche Kredite zur Verfügung, die diese als Nachfrage nach Kapitalgütern verwenden. Die Produktionsstruktur verlagert sich von der Konsumgüter- weg zur Kapitalgüterproduktion, damit wird ein Prozess der Verlängerung der Pro-

28 Im ersteren Fall wäre es zu einer Erhöhung des natürlichen Zinses bei unverändertem Geldzins gekommen. Obwohl Hayek in *Geldtheorie und Konjunkturtheorie* an diesem Fall die Endogenität der Geldschöpfung demonstriert, verwendet er in *Prices and Production* die in dieser Hinsicht weniger plausible Alternative. Ein Grund mag gewesen sein, dass verbesserte Gewinnerwartungen konsistent nur durch technischen Fortschritt erklärt werden können und Hayek diese Komplikation der Analyse vermeiden wollte.

duktionsperiode in Gang gesetzt (**Überinvestition**). Im Konsumgütersektor steht der vorerst unveränderten nominellen Konsumnachfrage ein verringertes Angebot gegenüber, der reale Konsum sinkt, die Zunahme der Investition wird also durch ein *erzwungenes Sparen* finanziert.

> Der im Verhältnis zum natürlichen Zins zu niedrige Geldzins bewirkt eine relativ zu den freiwillig aufgebrachten Sparmitteln zu kapitalintensive Produktionsstruktur. Gemessen an der Norm des neutralen Geldes resultiert die Geldschöpfung in „falschen Preisen", d.i. einem zu niedrigen Zinssatz, und damit einer *Verfälschung der Spar- und Investitionsentscheidungen.*

Hier stellt sich nun die Frage nach der *Unvermeidlichkeit der Krise.* Lässt sich die durch Geldschöpfung und erzwungenes Sparen geschaffene kapitalintensivere Produktionsstruktur auf Dauer aufrecht erhalten, ist eine „ewige Prosperität" möglich? Hayek verneint dies, indem er argumentiert, dass die zu kapitalintensive Produktionsstruktur nur weiterbestehen könne, solange die Inflation anhält. Dem Andauern der Inflation sind aber Grenzen gesetzt: In einem System des Goldstandards löst die Zunahme der Geldnachfrage im Aufschwung bei den Banken einen *internen Abfluss* von Bargeld und einen Verlust von Reserven aus, der sie schließlich zwingt, den Zinssatz zu erhöhen und die Kreditvergabe einzuschränken. In einer offenen Wirtschaft kommt es zudem zu einem *externen Abfluss* von Devisen, der die Notenbank zu einer Restriktion der Geldschöpfung nötigt. Aber auch ein ungebundenes Geldsystem, das unbeschränkte Geldschöpfung der Banken zulässt, erlaubt keine unbegrenzte Inflation. Denn Inflation schafft Inflationserwartungen, und werden diese berücksichtigt, verlangt die Aufrechterhaltung des erzwungenen Sparens stetig zunehmende, *akzelerierende Inflation.* Wie aber die Erfahrungen nach dem Kriege gezeigt haben, ist eine Stabilisierung spätestens dann unvermeidlich, wenn durch Hyperinflation Geld seine Rolle als Tauschmittel zu verlieren droht.

> Früher oder später muss demnach die Geldschöpfung aufhören, der Geldzins auf das Gleichgewichtsniveau zurückkehren und die übermäßige Investition sich zurückbilden. Nach der Verlängerung der Produktionsperiode im Aufschwung muss es nun zu einer Verkürzung kommen und die Produktionsstruktur sich an das Ausmaß der freiwillig verfügbaren Sparmittel anpassen.

Die Umlenkung der Ressourcen – im Aufschwung zur Kapitalgüterproduktion, im Abschwung zurück zur Konsumgüterproduktion – wird durch den Preismechanismus gesteuert. Hayek entwickelt hierfür das Konzept des **Preisfächers**.[29] Demnach hängen im Gleichgewicht die Preise in den einzelnen Stufen über den Zinssatz zusammen, der Preis des Gutes einer konsumnäheren Stufe ergibt sich aus dem Preis in der vorgelagerten Stufe vermehrt um einen Zinsfaktor. Der Preiszusammenhang beginnt bei der Urproduktion, deren Kosten annahmegemäß nur aus dem Lohnsatz bestehen, und endet beim Preis des Konsumgutes. Wenn es zu einer Verlagerung der Nachfrage zum Konsum und den konsumnahen Stufen kommt, bedeutet das, dass der Preis des Konsumguts steigt. Gleichzeitig herrscht nun auch ein höherer Zinssatz, sodass die Spanne zwischen den Preisen benachbarter Stufen zunimmt. (Hayek vergleicht die Vergrößerung der Preisspannen mit dem Öffnen eines Fächers, die Verkleinerung mit dem Schließen.) Diese Vergrößerung der Preisspannen gibt den Anreiz, die Produktion in die konsumnahen Stufen zu verlagern und die Anzahl der Stufen zu verringern. Die Produktionsstruktur und ihre Veränderung im Konjunkturverlauf wird daher von den *relativen Preisen*, den Preisspannen, gesteuert – eine für Hayek entscheidende These, mit der er der Sicht entgegentritt, die Bewegungen der Produktion hingen vom *Preisniveau* ab.

Folgt man der Erklärung bis hierher, so können daraus zyklische Verlagerungen zwischen der Konsum- und der Kapitalgüterproduktion abgeleitet werden – und tatsächlich stellt die Schwankung der Kapitalgüterproduktion im Konjunkturverlauf ein „stilisiertes Faktum“ dar. Das vermag aber nicht zu begründen, warum die Strukturanpassung in der Krise – im Gegensatz zu derjenigen im Aufschwung – mit Arbeitslosigkeit und Überkapazitäten einhergeht. Dazu bedarf es einer zusätzlichen Begründung, die Hayek mit der Annahme *komplementärer und spezifischer Kapitalgüter* liefert.[30] Produktionsmittel sind komplementär, wenn sie nur gemeinsam eingesetzt und in engen Grenzen substituiert werden können. Sie sind spezifisch, wenn sie ausschließlich in einer Produktionsstufe (oder in nur wenigen) verwendet werden können, andernfalls sind sie nicht-spezifisch. Hayek geht nun von der (empirischen) Annahme aus, dass unter den typischerweise komplementären Produktionsmitteln manche, wie langlebige Kapitalgüter, spezifisch, andere, wie Arbeit oder Rohstoffe, nicht-spezifisch, also auf allen Stufen einsetzbar seien. In der Krise führt die Änderung der Preisspannen zwischen den einzelnen Stufen dazu, dass die nicht-spezifischen Produktionsmittel rasch von den konsumfernen in die konsumnahen

29 Siehe Hayek (2016 [1931b], Kapitel 3, besonders 165).

30 Vgl. Hayek (2016 [1931b], 160-161, 172).

Stufen wandern, während die spezifischen Produktionsmittel in den ursprünglichen Stufen verharren. Dadurch kommt es auf den konsumnahen Stufen zu einem Mangel an komplementären Kapitalgütern und auf den konsumfernen Stufen fehlt es zur Fortführung der Produktion an nicht-spezifischen Produktionsmitteln wie z.B. Arbeit. Das Ergebnis ist eine inkohärente Produktionsstruktur – es herrscht gleichzeitig Überschuss und Mangel an bestimmten Produktionsmitteln: Arbeitslosigkeit durch Kapitalmangel auf der einen Seite, Überkapazitäten auf der anderen Seite. Diese Arbeitslosigkeit ist strukturell und vielleicht sogar unvermeidbar: es ist „möglich, dass in so einer Situation zeitweilig kein Lohn niedrig genug wäre, um allen Arbeitern Beschäftigung zu geben" (Hayek 2016 [1931b], 172n.11).

Zur Illustration dieses Sachverhalts bedient sich Hayek einer Variante des beliebten Robinson Crusoe-Beispiels.

> Die Lage ist also die, in der sich etwa die Bevölkerung einer abgeschlossenen Insel befinden würde, die, nachdem sie den Versuch gemacht hat, unter Heranziehung aller Ersparnisse und Aufzehrung allen vorhandenen Kapitals eine ungeheure Fabrik zu bauen, die sie mit allem Bedarf versorgen sollte, herausfindet, dass sie alles vorhandene Kapital und alle Ersparnisse aufgezehrt hat, bevor noch die neue Fabrik in Betrieb gesetzt werden kann. Die Leute hätten dann keine andere Wahl, als zeitweilig die Arbeit an der Fertigstellung der Fabrik aufzugeben und alle ihre Kräfte dazu zu verwenden, sich ihre tägliche Nahrung ohne die Unterstützung irgendwelchen Kapitals zu verschaffen. (Hayek 2016 [1931b], 172)

Wie kann nun aber aus der Krise und Depression die Rückkehr der Wirtschaft ins Gleichgewicht erfolgen bzw. gefördert werden? Auf die konkreten wirtschaftspolitischen Empfehlungen wird weiter unten genauer eingegangen, offensichtlich liegt aber der Weg aus der Krise in der Wiederherstellung einer ausgeglichenen Preis- und Produktionsstruktur. Einerseits muss sich die Kapitalstruktur der Nachfrageverschiebung anpassen, anderseits kann dieser Anpassungsbedarf erleichtert werden, wenn dieser Nachfrageverschiebung zum Konsum entgegenwirkt würde. Insofern erscheint für Hayek – konträr zu Keynes – eine Zunahme des Sparens als Möglichkeit die Krise abzukürzen.

Kritik

Sowohl in der zeitgenössischen Diskussion als auch im historischen Rückblick wurde Hayeks Versuch einer in den Gleichgewichtsansatz integrierten Geld- und Konjunkturtheorie als herausragende Leistung gewürdigt. Gleichwohl mangelte es nicht an Kritikpunkten an der konkreten Umsetzung dieses Versuchs. Diese können in eine logische und eine empirische Kritik unterschieden werden: Erstere fragt, ob Hayeks Theorie eine logisch mögliche, in sich widerspruchsfreie Wirtschaft abbildet, letztere zielt darauf ab, ob diese logisch mögliche mit der „wirklichen" Wirtschaft übereinstimmt.

Zur *logischen* Kritik zählt die Frage, ob die von Hayek in seiner Theorie behaupteten Abläufe und Zusammenhänge aus den von ihm getroffenen Annahmen ableitbar sind. Diese Frage ließe sich dann klären, wenn die Theorie mathematisch – genau genommen: axiomatisch – formuliert wäre. Das ist nicht der Fall, was wohl nicht nur auf die generelle Abneigung der Österreichischen Schule gegen die Mathematik als Werkzeug der Analyse zurückgeht, sondern auch darauf, dass Hayeks Modell zu komplex ist, um mathematisch formuliert analytische Lösungen zuzulassen. Die verbale Argumentation, der sich Hayek bedient, lässt ein absolut schlüssiges Urteil über die logische Konsistenz seiner Thesen jedenfalls nicht zu.

Ein Aspekt, der mit dieser logischen Kritik zusammenhängt, ist die Asymmetrie zwischen Aufschwung und Abschwung bzw. zwischen den Anpassungsreaktionen bei neutralem und nicht-neutralem Geld. Wie oben dargestellt, werden beim Übergang[31] zu einem neuen Gleichgewicht nach einer Zunahme des freiwilligen Sparens die Behinderungen durch die Existenz spezifischer und komplementärer Kapitalgüter vernachlässigt. Im Gegensatz dazu führt die Rückkehr zum Gleichgewicht nach einer Periode des erzwungenen Sparens notwendiger Weise zu struktureller Arbeitslosigkeit. Dieses Nebeneinander von „glatter" und „gestörter" Anpassung ist jedoch nur bei einer bestimmten Konstellation der Kapitalstruktur gewährleistet: Wären alle Kapitalgüter komplementär und spezifisch, geriete auch die Anpassung an eine Erhöhung des freiwilligen Sparens in allerlei Schwierigkeiten; wären sie im Gegenteil alle substituierbar und nicht-spezifisch, könnte die Reaktion auf die Fehlanpassung im Aufschwung wohl zu einem Einkommensrückgang, nicht aber zu Arbeitslosigkeit und Über-

31 In seiner Rekonstruktion der österreichischen Kapitaltheorie wählt Hicks (1973) dafür den Ausdruck „Traverse". Die Krise stellte sich dann als eine „gescheiterte Traverse" dar (siehe Desai & Redfern 1994).

kapazitäten führen. Die Frage nach der Kapitalstruktur, die gerade imstande ist, Hayeks Resultate zu produzieren, bleibt von ihm unbeantwortet.

Eine Reihe von Kritiken beziehen sich auf von Hayek in seiner Ableitung verwendete vereinfachende Annahmen und sind in dieser Hinsicht als *empirisch* zu verstehen.

- Hayek nimmt als Ausgangspunkt des Konjunkturzyklus eine Situation der Vollbeschäftigung, sodass im Aufschwung die Zunahme der Produktion von Kapitalgütern nur auf Kosten der Produktion von Konsumgütern erfolgen kann; ausgeschlossen ist das Phänomen einer insgesamt schwankenden Produktion.[32]
- Von der Geldschöpfung gehen insofern Verteilungseffekte aus, als sie nur für Produzentenkredite, und nicht für Konsumentenkredite verwendet wird; die Verschiebung der Nachfrage zugunsten von Kapitalgütern beruht auf dieser Annahme.[33]
- Die Produktionsstruktur lässt sich durch das Konzept einer durchschnittlichen Produktionsperiode fassen, die auf Änderungen der Daten „wohl verhaltend" reagiert, sodass z. B. einem niedrigeren Zinssatz eine längere Produktionsperiode entspricht.
- Die Rolle des technischen Fortschritts im Konjunkturzyklus wird vernachlässigt.
- Schließlich impliziert die Hayeksche Theorie, dass der Konjunkturzyklus durch ausgeprägte Änderungen der Produktionsstruktur charakterisiert ist – Zunahme der Kapitalintensität im Aufschwung und Abnahme im Abschwung. Kritiker bezweifelten die Gültigkeit dieser These für die kurze Frist des Konjunkturzyklus.

Ein letzter Punkt bezieht sich auf die Vernachlässigung des Problems der effektiven Nachfrage, des Kernpunkts von Keynes' alternativer Erklärung insbesondere der Depression. Aus Hayeks Sicht kommt es auch in der Depression nur auf relative Preise bzw. auf die Relationen von Konsum- und Kapitalgüternachfrage an. Die Depression wird ausschließlich als *Strukturproblem* betrachtet, niemals ist die absolute Höhe der (gesamten) Nachfrage nach Gütern entscheidend. Diese Beschränkung auf strukturelle Faktoren spielt bei Hayeks Erklärungsversuch für die Wirtschaftskrise der 1930er-Jahre eine wichtige Rolle.

---

32 Vgl. dazu kritisch Garrison (2004).

33 Das war ein Hauptpunkt der Kritik von Sraffa (1932).

Das Konzept des neutralen Geldes

Hayek hat das Konzept des neutralen Geldes als ein *theoretisches Instrument* entwickelt – um festzustellen, welche Voraussetzungen erfüllt sein müssen, damit die Anwendung der statischen Theorie auf eine Geldwirtschaft gerechtfertigt werden kann.

> Das bringt uns zunächst zur Frage, ob und wie sich in der Realität ein neutrales Geld und damit die Ausschaltung von Konjunkturschwankungen verwirklichen ließen, und welche Norm für die Geldpolitik daraus folgte.

Hayek (1933b) hebt drei Voraussetzungen für neutrales Geld hervor:

- völlige *Flexibilität* aller Preise und Löhne,
- *korrekte Voraussicht* künftiger Preise, insbesondere im Bezug auf langfristige Verträge, die in Geldeinheiten zu erbringende Leistungen fixieren, und
- Konstanz des Geldstroms.

Das letzte Kriterium verlangt im Sinne der *Quantitätstheorie* ein Konstanthalten von $M \times V$. Das heißt, dass es nicht ausreicht, die Geldmenge M konstant zu halten, sondern darüber hinaus Schwankungen in der Umlaufsgeschwindigkeit V exakt kompensiert werden müssten.[34] Damit würden diejenigen inflatorischen Effekte auf die Geldwirtschaft ausgeschlossen, die den Anstoß zu Konjunkturschwankungen geben. Für die langfristige Entwicklung einer Wirtschaft, die durch technischen Fortschritt und Wirtschaftswachstum ausgezeichnet ist, bedeutet das, dass Neutralität in Konflikt mit dem Ziel der Preisniveaustabilisierung gerät, wie es von den von Hayek sog. „Stabilitätstheoretikern" Cassel, Keynes oder Hawtrey propagiert wird. Denn bei Konstanz des Geldstroms muss in einer wachsenden Wirtschaft das Preisniveau sinken; das Preisniveau folgt einer **Produktivitätsnorm**, indem es sich invers zur Entwicklung der Produk-

34 Für eine Diskussion dieser Faktoren vgl. Hayek (1931b, Kapitel 4).

tivität bewegt.[35] Nach Hayek ist diese Form von „guter (Preis-)**Deflation**" notwendig,[36] um Konjunkturschwankungen zu verhindern.

Kann die Neutralität des Geldes aber je praktisch verwirklicht und damit das Konjunkturphänomen ausgeschaltet werden? Darauf gibt Hayek eine skeptische Antwort. Die „Spitzfindigkeiten" in der Analyse der Bedingungen neutralen Geldes beweisen gleichsam die Unmöglichkeit es durch Maßnahmen der Geldpolitik zu verwirklichen. Der Versuch der Neutralisierung der Geldwirtschaft muss angesichts der Wissensanforderungen an die geldpolitische Instanz und an institutionellen Beschränkungen scheitern. Auch der Beseitigung der Ursache des Geldschöpfungspotentials der Banken durch die im Rahmen des sog. Chicago-Plans geforderte 100%-ige Reservehaltung gegenüber Einlagen kann Hayek wenig abgewinnen – sie muss an der Existenz von Geldsubstituten scheitern, die einer solchen Verpflichtung nicht unterliegen.[37] Letztlich gelangt Hayek zum Schluss, dass Nicht-Neutralität und Konjunkturschwankungen im herrschenden Wirtschaftssystem unvermeidbar seien – es gehe nicht darum, sie abzuschaffen, sondern sie auf ein Maß zu beschränken, das mit wirtschaftlichem Wohlstand verträglich sei.[38]

Im Hinblick auf das Konjunkturproblem sieht Hayek die Aufgabe der Geldpolitik vorwiegend in der Prävention, die Krise sei leichter zu verhindern als zu bekämpfen, und das Mittel dazu sei strikteste Zurückhaltung von jeder Form der Geldschöpfung.

> ... eine Bestätigung der alten Wahrheit, dass wir vielleicht in der Lage sind, eine Krise durch rechtzeitige Bremsung der Expansion zu verhindern, dass wir aber nichts dazu tun können, sie zu beseitigen, wenn sie einmal eingetreten ist. – [Es] ist wohl die einzige praktische Regel für die Währungspolitik ..., dass die Zentralbanken daher außer während einer akuten Krise niemals, auch nicht zu Zeiten einer allgemeinen Depression, fürchten müssen, die Produktion durch übermäßige Vorsicht zu schädigen. (Hayek 2016 [1931b], 176 und 189)

35 Vgl. Selgin (1995). Eine der Hayekschen ähnliche Strategie wird neuerdings von den Befürwortern des Nominaleinkommens als geldpolitisches Zwischenziel verfolgt, wobei zu beachten ist, dass es Hayek nicht primär um die Steuerung, sondern um die Konstanz des Geldstroms gegangen ist.

36 Vgl. Bordo et al. (2009).

37 Zum Chicago-Plan siehe Simons (1994 [1933]) und kritisch dazu Hayek (1999b [1937a], 92-93).

38 Vgl. z. B. die Ausführungen in Hayek (1931b, Kapitel 4).

Wie sich diese krisenpolitischen Maximen Hayeks in der Großen Depression der 1930er-Jahre bewährt haben, wird der folgende Abschnitt zeigen. Die Konsequenzen für das aus Hayeks Sicht anzustrebende nationale bzw. internationale Währungssystem werden im folgenden Kapitel behandelt.

Diagnose und Therapie der Großen Depression

Als Hayek 1931 an der LSE seine Konjunkturtheorie und ihre wirtschaftspolitischen Schlussfolgerungen präsentierte, befand sich die Weltwirtschaft gerade auf dem Weg in die tiefste Krise in der Geschichte des Kapitalismus. Einige Daten und Fakten sollen das Außergewöhnliche der *Großen Depression* verdeutlichen.[39] Zu den am schwersten getroffenen Ländern zählten die USA, das Deutsche Reich und Hayeks Heimatland Österreich, in denen die Arbeitslosenraten Werte von 30% überschritten. In den USA ging nach einer langen Hochkonjunktur in den 1920er-Jahren das Nationalprodukt zwischen 1929 und 1933 um fast ein Drittel zurück, im Deutschen Reich, dessen Wirtschaft sich schon zuvor durch Wachstumsschwäche ausgezeichnet hatte, um ein Fünftel. Die Schrumpfung der Wirtschaft wurde in beiden Ländern von einer Deflation begleitet, die das Preisniveau um ca. 25% senkte. In Großbritannien waren, nach einer Periode der Stagnation und hoher Arbeitslosigkeit in den 1920er-Jahren, die Auswirkungen der Krise milder, die Arbeitslosigkeit erreichte 1931 ihren Höchstwert von 15% und verharrte dort die Folgejahre.

Für die Beurteilung der Ursachen der Großen Depression von besonderer Bedeutung sind die Entwicklungen im internationalen Währungssystem.[40] Die im Gefolge des wirtschaftlichen Abschwungs auftretenden Banken- und Währungskrisen führten zum Zusammenbruch des in den 1920er-Jahren mühsam wiederaufgebauten Systems des Goldstandards. In Österreich, Deutschland und anderen Ländern Mitteleuropas wurde 1931 die Devisenbewirtschaftung eingeführt; im September desselben Jahres verließ das Pfund den Goldstandard; 1933 folgten die USA, die unter Roosevelt den New Deal mit einer Politik der Dollarabwertung kombinierten; 1936 zerbrach schließlich auch der Goldblock. Von diesen Turbulenzen gingen wichtige Folgewirkungen aus: Einerseits förderten sie protektionistische Maßnahmen – paradigmatisch die Einführung des Smoot-Hawley-Zolltarifs in den USA 1930 – und bewirkten damit einen drasti-

39 Die Bezeichnung geht auf den Titel von Robbins (1934) zurück. Die im Folgenden verwendeten Daten stammen aus Mitchell (1992) und Gordon (1986).

40 Als Referenz vgl. z.B. Kindleberger (1986).

schen Rückgang des Welthandels, der von 1929 bis 1932 nominell um 60%, real immerhin um 25% schrumpfte. Anderseits war der Goldstandard, für diejenigen Länder, die in dem System verharrten, eine „Fessel" für eine autonome Steuerung des Geldumlaufs.

Ein markantes Beispiel liefert die Entwicklung des Geldumlaufs in den USA.[41] Durch die Wirtschaftskrise und eine Serie von Bankzusammenbrüchen war es zu einer Schrumpfung der Einlagen bei den Banken gekommen, die durch die gleichzeitige Ausweitung der Zentralbankgeldmenge, von 1929 bis 1933 immerhin um 15%, in ihrer Auswirkung nicht kompensiert werden konnte.[42] Die Geldmengenaggregate $M1$ und $M2$ sanken in diesem Zeitraum um 26% bzw. 33%, und erst 1937 wurde das Ausgangsniveau vor der Krise wieder erreicht. Die Quantitätstheorie macht das Krisenpotential deutlich, das in dieser Schrumpfung der Geldmenge steckt: Wird das „M" der Quantitätsgleichung mit $M1$ bzw. $M2$ identifiziert, so führte das selbst unter der unplausiblen Annahme einer unveränderten Umlaufsgeschwindigkeit V zu einem monetär bedingten Rückgang des Nominaleinkommens $P \times Q$ um mehr als ein Viertel.

Hayek bot die *Große Depression* ein Anwendungsgebiet für seine Konjunkturtheorie; in manchen der betroffenen Länder sah er allerdings als Ursachen für die krisenhafte Entwicklung nicht nur konjunkturelle, sondern auch strukturelle Faktoren am Werk.

Die *strukturellen* Faktoren bestimmen in einem ungestörten Gleichgewicht, als Referenzpunkt für konjunkturelle Abweichungen, Produktion und Produktionsstruktur. Zu diesen Faktoren zählen unter anderem die Höhe der Ersparnis, die Rentabilität der Investitionen und die vorhandenen Anreize für Unternehmertum und Innovation. Staatliche Eingriffe haben nun – aus Hayeks Sicht – in den Jahren nach dem Ersten Weltkrieg diese strukturellen Faktoren negativ beeinflusst: Hohe Steuern und Soziallasten zur Finanzierung der gestiegenen sozialpolitischen Ansprüche, die Zulassung, wenn nicht Förderung der Gewerkschaften und ihrer Hochlohnpolitik, all dies habe sich schon vor der Krise schädlich auf die Produktionsstruktur ausgewirkt. Hayek sieht weite Teile Europas, insbesondere das Deutsche Reich und Österreich, als Opfer solcher Strukturschwächen. Es sei eine Situation der *Kapitalaufzehrung* mit exzessivem pri-

41 Vgl. Friedman & Schwartz (1965, Kapitel 7).

42 Unter Zentralbankgeld (oder monetärer Basis) versteht man den Bargeldumlauf plus die bei der Zentralbank gehaltenen Einlagen. $M1$ umfasst den Bargeldumlauf in den Händen des Publikums (außerhalb des Bankensektors) und die Sichteinlagen bei den Geschäftsbanken. $M2$ enthält zusätzlich zu $M1$ noch die Spareinlagen.

vatem und öffentlichem Konsum entstanden. Als Folge kommt es zu einer Schrumpfung der Wirtschaftsleistung und einer Abnahme der Ergiebigkeit der Produktion – auf die Dauer zum Verfall des Lebensstandards.[43]

Für die Erklärung der 1929 einsetzenden Krise greift Hayek auf seine Konjunkturtheorie zurück, die die Ursache im inflationär finanzierten Aufschwung sieht. Zentral für die Argumentation ist hierbei die Entwicklung in den USA: Dort waren die 1920er-Jahre durch eine lange Hochkonjunktur gekennzeichnet, die – anders als frühere Aufschwungphasen – nicht mit einem Anstieg des Preisniveaus verbunden war. Aus Hayeks Sicht war Inflation aber dennoch präsent, denn um in der wachsenden Wirtschaft das Preisniveau stabil zu halten, war Geldschöpfung und eine ständige Kreditexpansion notwendig – ein Verstoß gegen die von Hayek propagierte Produktivitätsnorm und daher, in der Terminologie von Haberler (1931), „relative Inflation“. Wie jede Inflation bewirkt auch diese reale Verzerrungen und finanzielle Fehlspekulationen und führt unweigerlich in die Krise.

Nach dem Eintreten der Krise und dem Übergang in eine Depression sieht Hayek kaum aussichtsreiche Ansatzpunkte einer aktiven Krisenbekämpfung. Insbesondere den expansiven Einsatz der Geld- und Fiskalpolitik lehnt er ab.

In der Diagnose der monetären Ereignisse nach 1929 steht Hayeks Position in scharfem Gegensatz zur heute dominierenden Interpretation des Monetarismus, die die Große Depression in den USA als eine Folge einer *Großen Kontraktion* des Geldumlaufs ansieht.[44] Sie macht die Geldpolitik des Fed insofern für die Dauer und die Tiefe der Depression verantwortlich, als sie diese Kontraktion zugelassen und nur unzureichend versucht habe ihr entgegenzuwirken. Eine Möglichkeit dazu hätte z.B. in einer großangelegten expansiven Offen-Markt-Politik bestanden, um durch eine Ausweitung der monetären Basis die Schrumpfung der Bankeinlagen zu kompensieren. Für Hayek und seine Anhänger liegt die Sache gerade umgekehrt. Die Versuche der Krisenbekämpfung durch expansive Geldpolitik hätten die selbsttätige Krisenbereinigung verhindert und die Krise bloß verlängert.[45] Denn für Hayek steht fest:

---

43 Vgl. neben Hayek (1932a) auch Mises (1931); die Diagnose ähnelt derjenigen von Knut Borchardt und Albrecht Ritschl (vgl. z.B. Borchardt 1978) zur Strukturschwäche der Wirtschaft der Weimarer Republik.

44 Vgl. Friedman & Schwartz (1965).

45 Als Beispiele für Hayeks Argumentation siehe Hayek (1932b, c); als Zusammenfassung vgl. Klausinger (2012b, 5-15).

> ..., dass eine solche Kreditexpansion, wenn sie versucht wird, bevor der Liquidationsprozess der vorangegangenen Krise weit genug fortgeschritten ist, wirkungslos bleibt und sogar die Depression verlängert. (Hayek [1932c] in Machlup et al. (2005), 139)

In diesem Zusammenhang bleibt kritisch zu hinterfragen, inwiefern Hayek und anderen Befürwortern einer „restriktionistischen" Geldpolitik die Tatsache der Schrumpfung des Geldumlaufs – angesichts des Fehlens verlässlicher statistischer Daten – bekannt und ihnen bewusst war, dass dies im Widerspruch zu einer Voraussetzung neutralen Geldes, nämlich der Konstanz des Geldstroms, steht. Tatsächlich stellt diese Position ein nicht leicht aufzulösendes Rätsel dar. Denn einerseits gehört es zu den Kernelementen der österreichischen Konjunkturtheorie, die Bankeinlagen in gleicher Weise wie Zentralbankgeld zum Geldumlauf zu zählen. Anderseits wird aber die Schrumpfung der Bankeinlagen während der Krise keineswegs als schädlich angesehen, vielmehr vor dem Versuch gewarnt, diesen Rückgang durch eine Ausweitung der Zentralbankgeldmenge zu kompensieren.[46]

Eine andere Frontstellung ergibt sich zwischen Hayek und Anhängern einer keynesianischen Krisenpolitik *avant la lettre*. In Großbritannien entzündet sich der Konflikt an der Frage, „Saving or Spending?", d.h. ob der Krise seitens der privaten und öffentlichen Haushalte durch Sparen oder durch Ausgeben beizukommen sei. In Kommentaren und Leserbriefen (insbesondere in der *Times*, 1932/33) meldet sich eine ganze Reihe von britischen Ökonomen zu Wort, wobei sich bald die Minderheitenposition Hayeks herausstellt. Die Mehrheit unterstützt eine wenn auch vorsichtige fiskalische Expansion. Selbst Pigou, der später für Keynes in der *General Theory* den Strohmann für eine bis zur Unkenntlichkeit entstellte „klassische Ökonomie" abgeben sollte, resumiert die Diskussion mit der Feststellung: „Im Zweifel, expandieren!"[47]

Auch in Deutschland hatte sich im Gefolge der Krise eine kaum überschaubare Fülle von selbsternannten Experten und Reformern mit allerlei heterodoxen Programmen einer Nachfrageausweitung hervorgetan. Unter den wissenschaftlich respektablen Hervorbringungen sind die unter der Mitwirkung von Röpke entstandenen Berichte der Brauns-Kommission aus dem Jahre 1930 hervorzuheben. Es war nämlich mit Röpke ein den Ideen der österreichischen Konjunkturtheorie

---

46 Zu diesem Problemkomplex vgl. Klausinger (2005).

47 In einem Leserbrief an *The Times* vom 21. Februar 1933; vgl. entgegengesetzt den Leserbrief der LSE-Ökonomen Hayek, Robbins, T.E. Gregory und A. Plant vom 19. Oktober 1932.

nahestehender liberaler Ökonom, der – im Widerspruch zu Hayek – dafür eintrat, die Krise mit expansionistischer Politik zu bekämpfen.[48] Die theoretische Grundlage für diese Position liefert ihm die Unterscheidung von zwei Phasen der Depression bzw. Deflation: **primäre und sekundäre Depression.**[49]

Die *primäre Depression* ist gekennzeichnet durch Anpassungen, die auf eine Wiederherstellung des gestörten Gleichgewichts gerichtet sind; sie ist *funktional.* Es handelt sich um eine „Reinigungskrise" (Röpke 1932, 90). Folgt man – mit Röpke – Hayeks Theorie, so liegt die Ursache der Verzerrungen in der Über- und Fehlinvestition, die nun wieder rückgängig und mit der Höhe der freiwilligen Ersparnis vereinbar gemacht werden muss. Zu diesem Ziel führen einerseits der Abbau (Liquidation) bzw. die Umschichtung der vorhandenen Kapitalgüter, anderseits wird das Wiederreichen eines Gleichgewichts auch durch vermehrtes Sparen gefördert: einen Sparkurs der öffentlichen Haushalte oder Lohnsenkungen und damit eine Umverteilung zu den Einkommensbeziehern mit niedrigerer Konsumneigung.[50] Für Hayek ist diese ursachenadäquate Therapie die einzig Erfolg Versprechende. Die weit verbreitete Erklärung der Krise als Folge von Unterkonsumtion[51] lehnt Hayek strikt ab. Eine auf die Stärkung der Kaufkraft der Konsumenten abzielende Politik würde die Rückbildung der Verzerrungen bloß behindern und damit die Krise verlängern.

Röpke und andere Vertreter einer *expansionistischen* Schule (Röpke 1933) gehen davon aus, dass die Depression in eine sekundäre Phase übergehen kann. Die in der primären Depression entstandenen Deflationsprozesse – die Schrumpfung der Kredite, des effektiven Geldumlaufs, der Preise und der Einkommen – können anhalten und die Reaktion auf die primäre Krisenursache überlagern. Der dadurch entstehende kumulative Prozess von Einkommens-, Nachfrage- und Geldmengenrückgängen – ähnlich dem Multiplikatorprozess der Keynesschen Theorie – wird dann *dysfunktional*, er bringt die Wirtschaft nicht mehr ins Gleichgewicht zurück, sondern immer weiter davon weg. Fern vom Gleichgewicht verlieren in der sekundären Phase auch die Preise ihre Signalwirkung.

---

48 Zur Brauns-Kommission siehe Röpke (1931).

49 Vgl. Röpke (1932, 88-92).

50 Neben die Liquidation der realen Kapitalgüter tritt in der Depression auch die Liquidation im finanziellen Sinn: die Rückführung der Verschuldung („de-leveraging") durch Sparen oder durch Bankrotte; in Hayeks Analyse der Depression spielt dieser Aspekt nur eine untergeordnete Rolle.

51 Vgl. Hayeks Kritik an den Unterkonsumtionstheorien von Foster und Catchings (Hayek 1929b); später wird Hayek auch Keynes' Theorie diesem Ansatz zurechnen.

> Es gibt kaum noch eine Investition, die sich nicht als ‚Fehlinvestition' herausstellen wird, es gibt kaum noch Löhne, die nicht zu hoch sind, kaum noch eine Bank oder ein Industrieunternehmen, die nicht in ernster Gefahr sind. (Röpke 1936, 130)

Hier und, wie die Anhänger dieses Ansatzes betonen, *nur hier* liegt die Lösung des Krisenproblems nicht in mehr, sondern in weniger Sparen. Eine Politik der Nachfrageexpansion kann als *Initialzündung* die Erholung der Wirtschaft *ankurbeln* (Röpke 1932, 104), z.B. mittels eines durch die Notenbank (also durch Inflation!) finanzierten staatlichen Ausgabenprogramms (Budgetdefizits). Ziel dieser Politik wäre demnach die Wirtschaft wieder in jenen Bereich der Gleichgewichtsnähe zu bringen, in denen die Selbststeuerungsmechanismen des Marktsystems wirksam werden.[52]

Allerdings kann Hayek dieser Unterscheidung wenig abgewinnen. Was er allenfalls als eine sekundäre, über die primären Anpassungsbedürfnisse hinaus gehende Deflationsphase akzeptiert, ist für ihn eine Reaktion auf die existierenden Rigiditäten (Lohnstarrheit, Immobilität etc.) des Wirtschaftssystems, die wohl die Krise verlängern, sich aber gleichwohl durch die Brechung dieser Rigiditäten als nützlich erweisen kann (Hayek 2016 [1933c], 224). In jedem Fall sei aber die Bekämpfung der Krise gerade durch diejenigen Mittel, die sie verursacht haben, nämlich durch Inflation, fragwürdig:

> Wenn nämlich durch Kreditexpansion ein Aufschwung hervorgerufen wird, so ist ... mit Sicherheit anzunehmen, dass damit schon der Samen für eine neue Krise gesät wird und wir die gegenwärtige Beschleunigung der Belebung um den Preis der Verschlimmerung der nächsten Krise erkaufen. Die Behandlung der Depression im Wege der Kreditexpansion stellt ja eine Art homöopathisches Verfahren dar, bei dem man die Krankheit mit denselben Mitteln, die sie verursacht hat, zu heilen versucht. (Hayek [1932c] in Machlup et al. (2005), 139-140)

Die aus ökonomischer Sicht richtige Politik sei daher eine des Abwartens. Allein politische Gründe, z.B. die Abwendung eines drohenden politischen Umsturzes, könnten eine ansonsten fragwürdige expansionistische Krisenpolitik rechtfertigen.

52 Eine moderne Reinterpretation dieses Ansatzes findet sich in der von Leijonhufvud (1981, Kapitel 6) aufgestellten „Korridor-Hypothese".

> Es wäre die Politik des Desperados, der nichts zu verlieren und von einer kurzen Atempause alles zu gewinnen hätte. (Hayek 2012b [1939], 250n.)

Diese Rechtfertigung gesteht Hayek auch der Position Röpkes zu, der in der Endphase der Weimarer Republik mit seinen Argumenten, wenn auch erfolglos, die Deflationspolitik des Reichskanzlers Brüning kritisierte. Wie wir heute wissen, hätte eine aktivere Krisenpolitik vielleicht eine letzte Chance geboten, den endgültigen Verfall der demokratischen Institutionen und die Machtergreifung Hitlers zu verhindern.

Als 1936 Keynes' *General Theory* erscheint und damit den einzelnen praktischen Vorschlägen monetärer und fiskalischer Expansion einen wissenschaftlich anspruchsvollen theoretischen Rahmen verleiht, ist dies für Hayek wohl nicht mehr als eine weitere Auflage eines Traktats über Unterkonsumtion und Inflationismus. War Hayek schon zuvor in der britischen Diskussion der Krisenpolitik offenkundig in eine Minderheitenposition geraten, so fegte in der Folgezeit die „Lawine" der *Keynesschen Revolution* den Geld- und Konjunkturtheoretiker Hayek aus dem aktuellen Bewusstsein der Fachwelt.

Hayek und Keynes

„John Maynard Keynes, ein Mann von großen geistigen Fähigkeiten, aber beschränkten Kenntnissen der Wirtschaftstheorie" (Hayek 2001 [1978c], 147): Trotz dieser schroffen Charakterisierung ist Hayeks Urteil über Keynes nicht ohne Ambivalenzen. Bezeichnenderweise begann Hayeks internationale Karriere als Ökonom an der LSE mit einer scharfen Kritik an Keynes' *Treatise on Money* (1930), an der er bereits viele jener Mängel entdeckte, die für ihn auch Keynes' Hauptwerk, die *General Theory* (1936), kennzeichnen. Obwohl es in der Zeit des Krieges bei manchen Themen, z. B. der Frage der Kriegsfinanzierung, zu Annäherungen kommt, erachtet Hayek Keynes' öffentliches Wirken als Ökonom für verderblich: es mache ihn zu einer „öffentlichen Gefahr". Die Keynessche Revolution, insbesondere in ihrer wirtschaftspolitischen Praxis, wie sie erst nach Keynes' Tod (1946) Gestalt angenommen hat, ist für Hayek ein auf „Aberglauben" beruhender „Schwindel", wobei er offen lässt, wie weit all deren Implikationen tatsächlich den Vorstellungen von Keynes entsprechen oder das Werk seiner Anhänger und Apologeten sind.

Kapitaltheorie und Ricardo-Effekt: Zwei Sackgassen

Vor dem Hintergrund der auf eine ganze Generation junger Ökonomen wirkenden Faszination der Keynesschen Lehren und seiner Hinwendung zu methodischen und sozialphilosophischen Fragen kommt Hayeks Beschäftigung mit der Geld-, Konjunktur- und Kapitaltheorie in den frühen 1940er-Jahren zu einem vorläufigen Abschluss. Dieser wird durch das Erscheinen seiner *Pure Theory of Capital* (1941) und durch die Kontroverse rund um den sog. Ricardo-Effekt markiert.

Hayeks Kapitaltheorie ist das Ergebnis eines bereits Anfang der 1930er-Jahre in Angriff genommenen Projekts, das über die reine (oder statische) Theorie hinausgehend in einer dynamischen Theorie des Kapitals hätte münden sollen. Diesen Anspruch konnte Hayek nicht mehr einlösen, doch stellt auch der statische Teil einen Höhe- und zugleich Endpunkt in der Entwicklung der österreichischen Kapitaltheorie dar. Der Ausgangspunkt des Kapitalprojekts war Hayeks Einsicht, dass die von ihm zuvor verwendete Repräsentation der Produktionsstruktur einer Wirtschaft durch die durchschnittliche Produktionsperiode nur unter äußerst restriktiven Annahmen gerechtfertigt werden kann. Seine Ambition war daher eine Kapitaltheorie ohne jeden Rückgriff auf dieses übervereinfachende Konzept zu entwickeln.

Zwei wesentliche *Kritikpunkte* sind gegen das Konzept der Produktionsperiode vorzubringen.[53] Erstens ist es nicht möglich die Produktionsperiode als eine rein technische Darstellung der Produktionsstruktur zu behandeln, da die Höhe des Zinssatzes in die Definition der Produktionsperiode eingeht und daher eine Zinsänderung – selbst bei unveränderten Produktionsmethoden – zu einer Änderung des für die Produktionsperiode errechneten Wertes führen muss. In diesem Sinne wäre es auch missverständlich davon zu sprechen, dass der Zinssatz die Länge der Produktionsperiode bestimmt, denn vielmehr können diese beiden Größen im Gleichgewicht nur simultan ermittelt werden. Der zweite Kritikpunkt ist noch fundamentaler: Der üblicherweise – auch von Hayek – unterstellte negative Zusammenhang zwischen Zinssatz und Produktionsperiode, sodass einem niedrigeren Zinssatz eine „kapitalintensivere" Produktionsstruktur und damit eine längere Produktionsperiode entsprechen muss, gilt nur unter restriktiven Annahmen. Sind diese nicht erfüllt, so ist nicht auszuschließen, dass ein und dieselbe Produktionsmethode bei niedrigen *und* hohen

53 Diese Kritik wurde in der sog. Cambridge-Kapitalkontroverse formuliert, vgl. Cohen & Harcourt (2003); speziell zur Böhm-Bawerkschen Kapitaltheorie vgl. Samuelson (2001).

Zinssätzen für die Produzenten die gewinnmaximale Wahl darstellen kann, während bei einem „mittleren" Zinssatz eine andere Methode gewählt würde. Dieses Phänomen des sog. *Reswitching* schließt offensichtlich einen eindeutig negativen Zusammenhang zwischen dem Zinssatz und der Kapitalintensität der Produktion aus. Hatte Hayek den ersten Einwand selbst als Kritik der Produktionsperiode formuliert, so ist unklar, ob ihm die Tragweite des Reswitching-Phänomens voll bewusst wurde – geht er doch auch nach 1941 von der üblichen Vorstellung eines eindeutigen Einflusses des Zinssatzes auf die Produktionsstruktur aus.[54]

Was jedenfalls die Wirkung von Hayeks Kapitaltheorie auf die Fachwelt anbelangt, so ist es wohl eines seiner am wenigsten wahrgenommenen Werke: Erschließen sich schon im Normalfall die Subtilitäten der Kapitaltheorie nur einem kleinen Kreis eingeweihter theoretischer Ökonomen, so waren auch die Zeitumstände für eine günstigere Aufnahme nicht förderlich.

Einen Ersatz für die ungeschriebene dynamische Theorie des Kapitals sollten Hayeks zwei Arbeiten zum Ricardo-Effekt bilden (Hayek 1939, 1942). Dabei ging es ihm darum zu zeigen, dass auch unter realistischeren als den in *Prices and Production* getroffenen Annahmen jeder inflationär finanzierte Aufschwung unvermeidlich in Krise und Depression enden muss. Ein wesentlicher Unterschied zur früheren Version besteht darin, dass nun die Ausgangssituation nicht durch Vollbeschäftigung, sondern durch die Existenz unbeschäftigter Ressourcen charakterisiert ist. Weiters wird die Möglichkeit unbeschränkter Ausdehnung der Geldmenge bei unverändertem Zinssatz angenommen, sodass die Krise nicht mehr durch Krediteinschränkung und Zinserhöhung hervorgerufen wird. In Hayeks neuer Variante wird die Nachfrage nach Kapitalgütern einerseits von der Konsumgüternachfrage bestimmt – ähnlich dem sog. Akzeleratorprinzip, anderseits von der Höhe der Reallöhne – dem Ricardo-Effekt, wobei ein Sinken der Reallöhne die Nachfrage dämpft, weil dann offenbar der Einsatz von Arbeit im Vergleich zu Kapital profitabler wird. Im Aufschwung kommt nach Hayek ein Sinken der Reallöhne dadurch zustande, dass aufgrund beschränkter Kapazitäten im Konsumgütersektor dort die Preise (im Gegensatz zu denen des Kapitalgütersektors) zu steigen beginnen und die Nominallöhne starr sind. Der andauernde Rückgang der Reallöhne müsse schließlich zu einem Rückgang der Investitionsnachfrage führen, der Ricardo-Effekt den Akzelerator-Effekt überwiegen und damit Krise und Abschwung einleiten.

54 Vgl. dazu kritisch Steedman (1994).

Abgesehen von der fragwürdigen empirischen Evidenz für solche Schwankungen der Kapitalintensität im Konjunkturzyklus wurde in der Debatte um den Ricardo-Effekt dessen logische Unhaltbarkeit aufgezeigt[55] – er vermag einen automatischen Rückgang der Investitionsnachfrage im Aufschwung nicht zu begründen.

Am vorläufigen Ende seiner Karriere als technischer Ökonom schien Hayek in den 1940er-Jahren in einer Sackgasse angelangt zu sein. Seine Kapitaltheorie hatte wenig Resonanz gefunden und ihm selbst mangelte nach der langwierigen Arbeit an *The Pure Theory of Capital* die Energie für eine Fortsetzung. Der Versuch einer neuen Grundlegung seiner Konjunkturtheorie hatte mit einer Niederlage in der Kontroverse mit seinen Kritikern geendet. Angesichts seiner Neuorientierung auf sozialphilosophische Fragestellungen, die Hayek bereits parallel zu diesen Arbeiten mit dem Projekt über den „Missbrauch der Vernunft" in Angriff genommen hatte, fehlte ihm wohl auch der Anreiz in den in seinem ursprünglichen Fachgebiet ausgebrochenen Auseinandersetzungen aktiv mitzuwirken.

55 Für die Widerlegung des Ricardo-Effekts vgl. Kaldor (1942).

Hayeks Feldzug: Keynes und die Folgen

Auch wenn er erst nach der Verleihung des Nobelpreises wieder verstärkte Aufmerksamkeit erfuhr, war Hayek doch durch Jahrzehnte hindurch als beharrlicher Kritiker eines makroökonomischen Ansatzes im Allgemeinen und des Keynesianismus im Besonderen hervorgetreten. Hier sollen besonders seine Kritik an der keynesianischen Wirtschaftspolitik, die Abgrenzung gegenüber Friedman und dem Monetarismus, und zuletzt die Entwicklung von Hayeks Ideen zu einer idealen Geldordnung dargestellt werden.

Der Feldzug gegen den Keynesianismus

Die in der Auseinandersetzung mit Keynes vorgebrachten Hauptpunkte von Hayeks Kritik sind:

- Die keynesianische Theorie basiert auf als kausal gedachten Beziehungen zwischen gesamtwirtschaftlichen (aggregierten bzw. Durchschnitts-)Größen, die aus statistischen Regelmäßigkeiten mit dem Instrumentarium der Ökonometrie abgeleitet werden sollen. Dies widerspricht dem Prinzip des methodologischen Individualismus und damit der Forderung nach einer *Mikrofundierung der Makroökonomik.*
- Der Keynesianismus setzt an die Stelle einer realen, auf strukturelle Ursachen abstellenden, „preistheoretischen" eine primär monetäre, an der *Gesamtnachfrage* nach Gütern orientierte Erklärung der Wirtschaftsaktivität (Konjunktur). Bezeichnend dafür ist das Fehlen einer ausgearbeiteten Kapitaltheorie.
- Dies führe dazu, dass das Vertrauen (oder wie Hayek wohl formulieren würde, die Einsicht) in die selbsttätige Tendenz zu Gleichgewicht und Koordination in einer Marktwirtschaft dem Glauben an die *Notwendigkeit der Steuerung* der Wirtschaft durch staatliche Eingriffe weicht.

Es sind nun die aus einer konsequenten Durchführung keynesianischer Wirtschaftspolitik drohenden Gefahren, vor denen Hayek in den Nachkriegsjahrzehnten nicht müde wird zu warnen: Inflationismus, Übermacht der Gewerkschaften, Schwächung des Preissystems und Abgleiten in Planwirtschaft.[56]

Hayek verkennt keineswegs die Möglichkeit, durch Nachfrageexpansion – wie sie der Keynesianismus befürwortet – auf kurze Sicht Arbeitslosigkeit zu be-

56 Zum Folgenden vgl. die in Hayek (2001) abgedruckten Beiträge aus den Jahren 1950, 1958 und insbesondere 1978.

seitigen und „Vollbeschäftigung“ herzustellen, und in Ausnahmefällen einer allgemeinen Arbeitslosigkeit mag diese Politik sogar gerechtfertigt sein. Wenn der Keynesianismus diese Politik allerdings zum Regelfall erheben will, übersieht er zweierlei: Erstens liegt zwischen den Stadien von allgemeiner Arbeitslosigkeit und von Vollbeschäftigung ein weiter Übergangsbereich, in dem Arbeitslosigkeit und Vollbeschäftigung nebeneinander in verschiedenen Sektoren auftreten. Und zweitens beruht die Wirksamkeit der Nachfrageexpansion auf der Geldillusion der Arbeitnehmer bzw. der sie vertretenden Gewerkschaften, denn nur dann würden die Löhne nicht nur nach unten, sondern auch nach oben starr bleiben und gestiegenen Preisen nicht angepasst werden. Weniger Keynes als vor allem dessen Schülern, den eigentlichen Wegbereitern der Keynesschen Revolution, wirft Hayek vor, die schädlichen Folgen einer auf diesen Fehlannahmen basierenden Politik zu negieren.

Eine unter diesen Umständen verfolgte bedingungslose **Vollbeschäftigungspolitik**, wofür Hayek Großbritannien als typisches Beispiel heranzieht, habe zur Folge, dass sich die strategische Position der Regierung (bzw. der Zentralbank) gegenüber den Gewerkschaften grundlegend ändert. Legte sich die Regierung auf eine Politik der Geldwertstabilität fest, dann würde damit ein kompatibles Niveau der Gesamtnachfrage vorgegeben, an das sich die Gewerkschaften mit ihren Lohnforderungen anpassen müssten – die Verantwortlichkeit für die Arbeitsmarktlage würde den Gewerkschaften zugerechnet. Vollbeschäftigungspolitik kehrt diesen Zusammenhang um: Nun kann die Gewerkschaft ihre Lohnansprüche vorgeben und der Regierung fällt die Aufgabe zu, die für Vollbeschäftigung ausreichende Nachfrage zu schaffen. Im „Zwang“, Kostenerhöhungen durch zusätzliche Nachfrage zu akkommodieren, liegt hier die eigentliche Ursache von Kostendruck-Inflation. Dieser *Kostendruck* ist aber geradezu das unvermeidliche *Ergebnis von Vollbeschäftigungspolitik*: Durch den Verlust der Geldillusion kommt es zu einem Wettlauf zwischen Lohn- und Preiserhöhungen. Zudem wird durch die Lohnstarrheit nach unten die Anpassung an die unterschiedliche Entwicklung in den Wirtschaftssektoren behindert – relative Positionen lassen sich nur durch Lohnerhöhungen im expandierenden und nicht durch Lohnsenkungen im stagnierenden Sektor ändern, wodurch ein zusätzlicher struktureller Lohndruck entsteht. Schließlich können auch von außen einwirkende Kostenerhöhungen, wie die Erdölpreisschocks der 1970er-Jahre, in ihrer Wirkung auf die Beschäftigung nur durch Schaffung von Inflation abgefangen werden.

Bei nach unten starren Nominallöhnen und sektoral unterschiedlich verteilter Arbeitslosigkeit muss keynesianisches Nachfragemanagement einerseits zu Verzerrungen der Wirtschaftsstruktur, anderseits durch die als Nebeneffekte auftretenden Preissteigerungen zur fortwährenden Enttäuschung von Erwartungen führen. Die angestrebte Beschäftigungswirkung wird letztlich nur durch eine ständige Intensivierung dieser Politik und eine Beschleunigung der Inflation aufrecht zu erhalten sein.

Hayeks Diagnose der Folgen keynesianischer Politik weist gegenüber seiner in den 1930er-Jahren formulierten Konjunkturerklärung Ähnlichkeiten, aber auch Unterschiede auf: Einerseits ist wiederum Inflation die Ursache von Strukturverzerrungen der Wirtschaft und das unvermeidliche Ende der Inflation der Auslöser der Krise. Anderseits besteht diese Verzerrung nun nicht mehr bloß in der „Kapitalgüterlastigkeit" der Produktionsstruktur, sondern äußert sich in mannigfachen, durch die jeweilige staatliche Nachfrageexpansion bestimmten Richtungen, auch hat die Reaktion auf die „Große Inflation" der Nachkriegszeit länger als erwartet auf sich warten lassen. Trotzdem sei sie nun unvermeidbar und werde die Stabilisierungskrise umso heftiger ausfallen müssen, je länger an der irrigen Politik einer Inkaufnahme von Inflation festgehalten wird.

> Das Ergebnis ist „Erzeugung von Arbeitslosigkeit durch sogenannte ‚Vollbeschäftigungspolitik'" (Hayek 2001 [1978c], 149)

Im Übrigen nimmt diese verbale Argumentation Hayeks (und anderer Kritiker des Keynesianismus) mit dem Vorwurf des „Inflationismus" Ergebnisse vorweg, wie sie die spätere, spieltheoretisch inspirierte Literatur als These des *Inflationsbias* (Barro & Gordon 1983) ableitet. Demnach führt eine diskretionäre, d.h. nicht an Regeln gebundene, Politik der Nachfragesteuerung, die ein „zu ehrgeiziges", über dem Gleichgewichtswert liegendes Beschäftigungsziel anstrebt, auf Dauer zu einer exzessiven Inflationsrate. Wird die Präferenz für das Beschäftigungsziel absolut, gibt es für die Inflation keine modellimmanente Obergrenze.

> Gewöhnung an die Inflation ist oft mit Süchtigkeit nach Rauschgift verglichen worden. Eine der schwerwiegendsten Fragen unserer Zeit [betrifft die] Fähigkeit demokratischer Institutionen, die enormen Kräfte für Gedeih und Verderb, die die neuen Instrumente der Wirtschaftspolitik ihnen in die Hand geben, vernünftig zu handhaben. (Hayek 2001 [1950], 99-100)

Aus Hayeks Sicht[57] hatte – wir stehen nun in den 1970er-Jahren – spät, aber unvermeidbar, die keynesianische Politik hohe und zunehmende Inflation her-

57 Vgl. z.B. Hayek (2001 [1978c]).

vorgerufen, die eine neue Gefahr offenbarte. Um die (für Hayek unumgängliche) Stabilisierungskrise zu vermeiden, versuchten Regierungen in vielen Ländern der Inflation durch allerlei Notbehelfe Herr zu werden: durch diverse Varianten einer Einkommenspolitik, durch Kontrolle oder gar automatische Indexierung von Löhnen und Preisen. Diese Versuche, den Markt- und Preismechanismus außer Kraft zu setzen, bewirkten aber – so Hayek – nur noch mehr Ineffizienz, verstärkte Anfälligkeit und daher noch größere Abhängigkeit des Wirtschaftssystems von der keynesianischen Rezeptur. Letztlich drohe die Gefahr, dass eine konsequent zu Ende geführte Vollbeschäftigungspolitik in die *Planwirtschaft* abgleitet. In diesem Sinn zählt Hayek auch den Keynesianismus zu jenen Verirrungen einer Planungsmentalität, die auf den „Weg zur Knechtschaft" führen.

Die Krise des Keynesianismus und die neoliberale Wende als Gegenreaktion waren nirgendwo schärfer ausgeprägt – und von Hayek mit Beifall begleitet – als in Großbritannien. Nach den traumatischen Krisenerfahrungen der Zwischenkriegszeit hatte das Land nach 1945 für eine Vollbeschäftigungspolitik optiert. Am Ende der 1970er-Jahre sahen Kritiker als deren Folge eine Kumulation ökonomischer Missstände:[58] Der Einsatz von lockerer Geld- und Fiskalpolitik als Wachstumsstimulantia hatte zu hohen Budgetdefiziten und Inflationsraten geführt; die Einkommenspolitik und die Gesetzgebung die Macht der Gewerkschaften gestärkt; rigide relative Löhne, mangelnde Mobilität zwischen den Sektoren und Widerstand gegen technische Neuerungen zur Ineffizienz der britischen Industrie und zur Wachstumsschwäche der Wirtschaft beigetragen. Mit dem Scheitern moderater Reformvorschläge der Labour-Regierung an den Gewerkschaften im „Winter des Missvergnügens" 1979 schien sich die Kraft des keynesianischen Programms erschöpft zu haben.

Hayek hatte die britische Wirtschaftspolitik der 1970er-Jahre mit zunehmend schärferer Kritik verfolgt und die marktliberal-konservative Position Margaret Thatchers schon in ihrer Zeit als Oppositionsführerin unterstützt. Das Programm der Thatcher-Regierung (1979-1990) bedeutete eine radikale Wende und schien zum Teil wie einer neoliberalen Blaupause entnommen: Budgetkonsolidierung ohne Rücksicht auf die Konjunktursituation, Inflationsbekämpfung durch Kontrolle der Geldmenge (später durch eine weniger erfolgreiche Anbindung an das Europäische Währungssystem), Zurückdrängung der Gewerkschaftsmacht (im Bergarbeiterstreik 1984), Liberalisierung des Kapitalmarkts

58 Für die Sichtweise eines neoliberalen „Thinktanks" wie des Institute of Economic Affairs, siehe z.B. Seldon (1981, besonders Preamble und Kapitel 2). Für die Einordnung in die globalen wirtschaftspolitischen Zusammenhänge vgl. z.B. James (2003, Kapitel 10 und 11).

und des Kapitalverkehrs, Privatisierungen usw. In der Langzeitwirkung erwiesen sich diese Reformen (hier wie anderswo) als nahezu unumkehrbar.

Die Rolle Hayeks bei der Umsetzung des Thatcherschen Reformprogramms ist eher in der vorbereitenden Kritik der traditionellen Politik und in der Fundierung einer radikalen Position des Liberalismus zu sehen als in konkreter wirtschaftspolitischer Beratung. Das öffentliche Eintreten Hayeks für die Politik Thatchers wurde unter anderen in Vorträgen und Leserbriefen (z.B. in der *Times*) deutlich, wobei er die Regierung gelegentlich zum Mut zu noch radikalerem Vorgehen aufforderte und vor der Rückkehr zu verfehlten Kompromissen wie dem einer „gemischten Wirtschaft" warnte.

> Die gemischte Wirtschaft: The Muddle of the Middle (Hayek 1983b).

Hayek und Friedman: Unbehagliche Weggefährten

Die Zurückdrängung des Keynesianismus durch eine alternative, auf neoklassischen Grundlagen beruhende Theorie war allerdings viel mehr der sog. *monetaristischen Gegenrevolution* zu verdanken als der Kritik Hayeks. Diese Gegenrevolution ist vor allem mit der Person Milton Friedmans verbunden. Obwohl in der Gegnerschaft zum Keynesianismus geeint, waren sich Hayek und Friedman doch gewichtiger Unterschiede in ihren theoretischen Positionen bewusst.

Friedmans Monetarismus beruht auf einer *Neuformulierung der Quantitätstheorie*, mit deren Hilfe er erklärt, wie monetäre Impulse kurzfristig zwar die Produktion steigern können, langfristig aber zu Inflation führen. Ein Element seiner Erklärung ist die Berücksichtigung von Inflationserwartungen, und ähnlich wie Hayek in seiner Konjunkturtheorie kommt er zum Schluss, dass ein Andauern der stimulierenden Effekte über die kurze Frist hinaus eine *akzelerierende Inflation* erfordert, die langfristig nicht aufrecht erhalten werden kann. So sehr Hayek mit den Ergebnissen dieser Überlegungen übereinstimmt, so sehr kritisiert er aber die Methode, mit der sie hergeleitet werden. Seine Hauptkritik liegt darin, dass letztlich auch der Monetarismus nur eine, wenn auch dem Keynesianismus überlegene, Makroökonomik sei und glaube, ökonomische Ursachen und Wirkungen ließen sich aus Beziehungen zwischen Aggregaten und Durchschnitten ableiten.

Darin hat wohl auch die inhaltliche Divergenz zwischen Hayek und Friedman bei der Interpretation der Ursachen der Großen Depression ihren Grund: Für die monetaristische Sicht liegt die Ursache in der Kontraktion der Geldmenge, für Hayek in der Notwendigkeit der Strukturanpassung. Für Friedman und

Schwartz bestand der Fehler der amerikanischen Geldpolitik in einem Zuwenig, für Hayek dagegen in einem Zuviel an Expansion. Im Rückblick machte Friedman (wenn auch ohne Hayek beim Namen zu nennen) aus seiner Ablehnung der an der LSE vertretenen Position, „der verkümmerten und erstarrten Karikatur" der Quantitätstheorie (1970, 77), kein Hehl.

Hayek hat allerdings im Laufe der 1970er-Jahre in mehreren Stellungnahmen seine zur Zeit der Großen Depression vertretene, radikale Position teilweise widerrufen.[59] Insbesondere in Bezug auf die Bekämpfung eines in der Krise auftretenden Deflationsprozesses plädiert er nun – entgegen den damals geäußerten Vorbehalten – dafür, ein Schrumpfen der Geldmenge in der Krise keinesfalls zuzulassen. Dafür würde wohl bereits die bloße Ankündigung einer solchen Politik durch die Zentralbank ausreichen, sodass tatsächliche expansive Maßnahmen gar nicht notwendig wären. Zur Zeit der Großen Depression habe er die Gefahr der Deflation unterschätzt, obwohl er sich auch bereits damals gegen die Bekämpfung einer *sekundären Deflation* bloß aus politischen, nicht aus rein ökonomischen Motiven ausgesprochen habe. In diesem Sinne bekennt sich Hayek nachträglich zu der damals u.a. von Röpke eingenommenen Position, auch wenn seine Rechtfertigung mit dem Hinweis auf politische Motive angesichts der zeitgenössischen Quellen nicht völlig überzeugen kann.

Hayek und Friedman

Milton Friedman gilt als Neubegründer einer auf *neoliberale* Positionen verpflichteten *Chicago-Schule* und als die Leitfigur der monetaristischen Gegenrevolution. Er war Gründungsmitglied der Mont Pèlerin-Society und arbeitete nach 1945 wiederholt mit Hayek zusammen, u. a. in der gemeinsamen Zeit an der University of Chicago. Obwohl beide überzeugte Anhänger eines liberalen Wirtschaftssystems und Gegner des Keynesianismus waren, bestanden zwischen ihnen doch auch grundlegende Differenzen. So meinte Hayek, er „stimme mit Milton [Friedman] in fast allem überein außer in der Geldpolitik" (1994, 144) – ein für den Geldtheoretiker Friedman wenig schmeichelhaftes Urteil. Auch lehnt Hayek die von Friedman vertretene positivistische („instrumentalistische") Methodologie – als eine Fortführung der älteren empirischen Konjunkturforschung mit den Methoden der modernen Ökonometrie – ab. In diesem Sinne hält Hayek Friedmans *Essays in Positive Economics* (1953), mit dem Leitbeitrag „The Methodology of Positive Economics", für ein „ziemlich gefährliches Buch", vor dem er hätte warnen sollen (ibid., 145)

59 Vgl. Hayek (2001 [1978c], 135-136, 140-141).

Von der Goldwährung zur Währungskonkurrenz

Für Hayeks frühe Diskussion des Währungsproblems bildet das bereits oben dargestellte Konzept des neutralen Geldes den Ausgangspunkt. Dieses wird zunächst aber nur auf eine isolierte Volkswirtschaft oder auf die Weltwirtschaft als Ganze angewendet. Sind die einzelnen Volkswirtschaften jedoch wie im Goldstandard durch feste Wechselkurse miteinander verbunden, so käme es entsprechend der unterschiedlichen Entwicklung in diesen Ländern zu Umverteilungen der globalen Geldmenge – ein Prozess, den die klassischen Ökonomen als „natürliche Verteilung der Goldwährung" bezeichneten. Neutralität würde daher in einem internationalen System die Konstanz des globalen Geldumlaufs, nicht aber unveränderliche Geldmengen in den einzelnen Ländern erfordern.[60]

Als Hayek diese Ideen in den 1930er-Jahren formulierte, ging es in der aktuellen währungspolitischen Kontroverse um die Frage: **Goldstandard oder gelenkte Währung**? Eine gelenkte Währung sollte sich an binnenwirtschaftlichen Zielen, z. B. einem stabilen Preisniveau, orientieren – Machlup (1933) nannte sie deshalb auch „Indexwährung", Hayek (2016 [1931b], 190) sprach von einer „manipulierten" Währung. Da die Ziele eines stabilen Wechselkurses und eines stabilen Preisniveaus aber i. d. R. nicht miteinander vereinbar sind, war eine gelenkte Währung innerhalb des Goldstandards unmöglich – eine Einsicht, die Hayek und Keynes teilten, aus der sie allerdings unterschiedliche Konsequenzen zogen. Während für Keynes der Goldstandard ein „Relikt der Barbarei" darstellte, hielt ihm Hayek Jahrzehnte lang die Treue und bezeichnete ihn als das beste unter den praktikablen Währungssystemen.[61]

Der Goldstandard

Der klassische Goldstandard des 19. Jahrhunderts, auf den sich Hayek bezieht, war durch die folgenden Eigenschaften ausgezeichnet:

- Die einzelnen nationalen Währungen (Dollar, Pfund etc.) waren durch den Gegenwert eines bestimmten Gewichts an Gold (Parität) definiert und konnten frei gegen Gold eingetauscht werden.
- Zwischen den einzelnen Währungen herrschten über die Goldparität feste Wechselkurse.

60 Vgl. dazu Hayek (2015a [1928], 321-336; 1937a).

61 Vgl. Keynes (1971a [1923], 138) und Hayek (2016 [1931b], 190-191; 1932b). Noch 1978 nennt Hayek (2001, 137) den Goldstandard „das beste System unter den realisierbaren".

- Zwischen den Ländern war unbehinderter Export und Import von Gold möglich.

Im Goldstandard kommt es zum automatischen Ausgleich von Ungleichgewichten: Steigt in einem Land das Preisniveau, so vermindert sich dessen Wettbewerbsfähigkeit, dadurch entsteht ein Abfluss von Gold, der Geldumlauf verringert sich und drückt das Preisniveau wieder nach unten (*der klassische Preis-Gold-Mechanismus*).

Auch wenn der Goldstandard dem *Ideal des neutralen Geldes* nicht entsprach,[62] schrieb ihm Hayek doch eine Reihe von Vorzügen zu.[63] Zunächst ist für Hayek aus preistheoretischer Sicht ein System fester Wechselkurse für die Bewältigung von Störungen, die die Wirtschaft aus dem Gleichgewicht bringen, besser geeignet – es kann, so meint er, die Anpassung durch Änderung einer geringeren Anzahl von Preisen zustande bringen. Entscheidend ist jedoch das *polit-ökonomische Argument* für den Goldstandard: Seine Funktionsweise ist automatisch, durch Währungsbehörden nicht manipulierbar, und entzieht daher die Währungspolitik dem staatlichen Zugriff. Dadurch stellt er eine Barriere gegen eine Politik des Inflationismus dar, und es ist für Hayek kein Zufall, dass die Epoche des Goldstandards die einzige in der Geschichte war, die von anhaltender Geldentwertung verschont blieb. Dagegen wiegt der Nachteil der Abhängigkeit der globalen Geldversorgung von den Imponderabilien der Goldproduktion in Hayeks Sicht nicht schwer. Am restaurierten Goldstandard der 1920er-Jahre kritisiert er dessen Abweichungen vom klassischen Vorbild, die den Währungsbehörden mehr Spielraum belassen, als Unvollkommenheit; den Zusammenbruch während der Großen Depression sieht er als unheilvollen Vorboten des künftigen Verfalls liberaler Ideale und einer Politik schrankenloser Inflation.

Zur Rekonstruktion des internationalen Währungssystems nach dem Zweiten Weltkrieg macht Hayek (1943b) den bemerkenswerten, von der Goldwährung inspirierten Vorschlag einer *Warenreservewährung*. Diese sollte ähnlich wie die Goldwährung güterbasiert sein, jedoch auf einem breiteren, vorwiegend aus Rohstoffen bestehenden Warenkorb beruhen. Die Währungen der beteiligten Länder wären in Einheiten dieses Warenkorbs festzulegen und durch Käufe und Verkäufe der entsprechenden Waren stabil zu halten. Die sich aus diesem Vor-

62 Und zwar, weil durch die Reaktion der Goldproduktion auf Änderungen des Goldpreises (bzw. des allgemeinen Preisniveaus) die Forderung nach konstantem Geldumlauf verletzt wurde – auch die Goldwährung war „zu elastisch“.

63 Vgl. dazu z. B. Hayek (1932b, 1937a).

schlag mit Keynes (1943) entspinnende Diskussion ist erhellend: Während Hayek seinen Vorschlag als internationalen Standard intendiert, erkennt Keynes daran Vorteile als Basis für eine nationale Währung – die Orientierung der nationalen Lohnpolitik an den Erfordernissen einer international gültigen Warenwährung lehnt er jedoch ab. Er erweist sich dadurch aus Hayeks Sicht als konsequenter Vertreter eines *monetären Nationalismus.*

Im Abkommen von Bretton Woods 1944, das für die folgenden Jahrzehnte das Währungssystem bestimmt, tritt an die Stelle der von Hayek favorisierten Warenreservewährung ein *Gold-Dollar-Standard* mit dem US-Dollar als einzige in Gold konvertible Währung und mit innerhalb von Bandbreiten festen Wechselkursen der anderen Währungen zum Dollar. Als in der Folge die USA von der asymmetrischen Position als Reservewährung Gebrauch machen und sich die globalen Dollarbestände erhöhen, beobachtet Hayek diese Entwicklung weg von einer goldbasierten hin zu einer Papierwährung mit zunehmender Skepsis. Den endgültigen Zerfall des Bretton Woods-Systems 1973 sieht er als logische Folge der ihm inhärenten Mängel; der Übergang zum „Nicht-System“ flexibler Wechselkurse birgt für ihn durch die Beseitigung der festen Wechselkurse als letzter Bremse gegen Inflation die Gefahr zunehmender und anhaltender Geldentwertung.

Vor diesem Hintergrund präsentiert Hayek seine erste „Erfindung“, den Vorschlag der **Währungskonkurrenz** als Alternative zum staatlichen Geldmonopol.

Zunächst schlägt Hayek mit dem Konzept der „freien Währungswahl“ (Hayek 2001 [1976c]) eine gemäßigte Variante vor: Demnach sollten sich die Länder verpflichten, wechselseitig alle nationalen Währungen (und Gold!) im eigenen Land als gesetzliches Zahlungsmittel anzuerkennen. Davon erwartet sich Hayek eine Konkurrenz der (nationalen) Währungen, aus der die den Präferenzen der Währungsverwender am besten entsprechende – er vermutet, diejenige mit dem stabilsten Wert – als Siegerin hervorgehen werde. Als Folge müssten die anderen Länder entweder dem Beispiel der stabilsten Währung folgen, oder ihre Währungen würden vom Markt verdrängt. In dieser Hinsicht formuliert Hayek ein *Anti-Greshamsches Gesetz:*[64]

64 Siehe Hayek (2011c [1977], 160-162).

Greshams Gesetz: „Das schlechte Geld verdrängt das gute Geld."

Während Greshams Gesetz solange gilt, als unterschiedliche Währungen in einem *festen* Verhältnis gegeneinander getauscht werden können, gilt bei einem *variablen* Umtauschverhältnis gerade das Gegenteil: Schlechtes Geld entwertet sich auf dem Markt relativ zu gutem Geld, ein Prozess, der zu einer verstärkten Wahrnehmung dieses Qualitätsunterschieds führen und daher mit der Verdrängung von schlechtem durch gutes Geld enden müsste.

Die radikalste Variante eines neuen Geldsystems und eine konsequente Anwendung der Sicht des Wettbewerbs als eines Entdeckungsverfahrens stellt jedoch Hayeks Vorschlag der Entstaatlichung des Geldes (Hayek 1977) dar.[65] Die Währungen selbst sollen nun privat produziert, von privaten Geschäftsbanken in Umlauf gebracht werden. Die Banken könnten darin konkurrieren, dass sie Währungen anbieten, denen unterschiedliche Warenkörbe zugrunde liegen, deren Wert sie stabil zu halten versprechen. Der Wettbewerb würde dann die überlegene Währung oder möglicherweise mehrere jeweils für verschiedene Verwendungen oder von verschiedenen Konsumentengruppen präferierte Währungen hervorbringen. Freilich müsste diese Form der Währungskonkurrenz mit einem Abgehen vom System der „fraktionellen" Reservehaltung verbunden werden und würden auch zugleich die Zentralbanken und deren lender of last resort-Funktion verschwinden.

Besonders hervorzuheben ist, dass Hayeks Vorschlag eine radikale Alternative nicht nur zu den zeitgenössischen Geldsystemen darstellt, sondern viel markanter noch zum System einer europäischen Einheitswährung, wie sie im Euro verwirklicht worden ist.

> Überdies ist eine einzige internationale Währung in vieler Hinsicht nicht besser, sondern schlechter als eine nationale Währung, falls sie nicht besser geleitet wird. ... Der Vorteil einer internationalen Instanz sollte hauptsächlich darin liegen, einen Mitgliedstaat vor den schädlichen Maßnahmen anderer zu schützen, und nicht, ihn zu zwingen, ihre Torheiten mitzumachen. (Hayek 2011 [1977], 142)

Der *Nachteil einer Einheitswährung* besteht demnach darin, dass sie einerseits die Macht der Zentralbank als supranationale Instanz vermehrt, anderseits die

65 Eigentlich meint „Denationalisation": „Entstaatlichung", d. h. „Privatisierung"!

Währungskonkurrenz reduziert und die Evolution des Währungssystems durch Nutzung des Wettbewerbs als Entdeckungsverfahren verhindert.

Hinter Hayeks Ablehnung des staatlichen Geldmonopols steht sein *Generalverdacht* der Schädlichkeit aller staatlichen Intervention, wie im Allgemeinen so im Besonderen auch im Bereich des Geldes: Nicht nur fehlt es den Verantwortlichen i. d. R. an den Informationen, die nötig wären, um die richtigen Entscheidungen zu treffen, sondern selbst wenn diese vorlägen, ließe der auf ihnen lastende politische Druck die richtigen Entscheidungen nicht zu. Konsequenter Weise vermag Hayek im Fall der Zentralbanken nicht daran zu glauben, dass diese je auf Dauer den Pressionen in Richtung auf Inflation und Geldentwertung erfolgreich widerstehen könnten.

Daraus ergeben sich auch die Besonderheiten der Hayekschen Position im Vergleich mit dem geldpolitischen Programm des Monetarismus. Der Monetarismus[66] befürwortet die Beibehaltung einer staatlichen Währung, wenn auch unter der Restriktion einer (am besten konstitutionell verankerten) Regelbindung der Geldpolitik und unter der Obhut einer unabhängigen Zentralbank. Eine solche Regel ist etwa *Friedmans k%-Regel*, die Fixierung einer am durchschnittlichen Produktionswachstum orientierten festen Wachstumsrate einer wohldefinierten Geldmenge, oder die Vorgabe eines Inflationsziels (*inflation targeting*). Jedenfalls unterstellt dieses Programm insoweit eine benevolente Regierung, als diese bereit sein muss, mit der Einführung der Regelbindung auf zuvor vorhandene Spielräume für diskretionäre Geldpolitik zu verzichten und diese Bindung auch angesichts von exzeptionellen Umständen beizubehalten. Hayek, der in diesem Zusammenhang betont, seine Skepsis gegenüber staatlichen Regelungen habe sich im Laufe seines Lebens durchgehend vergrößert (Hayek 2001 [1976c], 151), bezweifelt diese Annahmen.

Im Gegenzug ist die monetaristische Position gegenüber Hayeks Marktoptimismus für den Fall der privaten Geldproduktion skeptisch. Einerseits sei nicht klar, dass das Problem der dynamischen Inkonsistenz des optimalen Geldangebots durch die Banken ohne weiteres gelöst werden könne – für einen kurzfristig optimierenden, malevolenten Geldproduzenten gibt es einen Anreiz, trotz des Versprechens von Geldwertstabilität ein exzessives Geldangebot in Umlauf zu bringen (nach dem Vorbild des „wildcat banking" in den USA des 19. Jahrhunderts). Anderseits handelt es sich bei Geld als allgemein akzeptiertem Zahlungsmittel um ein Gut mit Netzwerkeffekten, wie sie bereits Mengers Idee der spon-

66 Exemplifiziert an den Arbeiten von Friedman & Schwartz (vgl. z.B. 1987). Zur Diskussion vgl. auch Dowd & Greenaway (1993) und Luther (2011).

tanen Entstehung der Institution Geld zugrunde liegen. Der Nutzen für den Verwender eines bestimmten Geldes ist demnach umso größer, je größer die Anzahl der anderen Individuen ist, die dasselbe Geld verwenden. Solche Netzwerkeffekte können Geld zu einem natürlichen Monopol machen, das gegenüber den Bedrohungen durch private Konkurrenz robuster ist, als dies Hayek annimmt. Die Resistenz, die auch Währungen mit hohen Inflationsraten auszeichnet, z.B. gegenüber der Substitution durch andere Währungen oder die Einführung von indexierten Anleihen, spricht für die Existenz solcher Effekte. Wie bei anderen natürlichen Monopolen auch, ist die Verstaatlichung des Angebots aber nur eine von mehreren möglichen Regulierungsoptionen.

Hayeks Liberalismus

Hayeks Liberalismus im Vergleich

Gilt Friedrich August Hayek auch – für Freund und Feind – als „Ikone" des Neoliberalismus, so wird ihm diese Bezeichnung doch nicht ganz gerecht, einesteils weil Hayek sich selbst eher als (zeitgemäßen) Restaurator eines *klassischen Liberalismus* sieht, andernteils weil der Begriff *Neoliberalismus* selbst diffus und von dessen Kritikern als Kampfbegriff eingesetzt worden ist. In diesem Abschnitt sollen daher die Grundlinien von Hayeks Konzeption des Liberalismus in ihrer Entwicklung und in ihren kennzeichnenden Merkmalen dargestellt werden.[67]

Für Hayeks Transformation als *Ordnungstheoretiker* war ebenso wie für ihn als theoretischer Ökonom seine Einsicht in die Bedeutung der Wissensteilung ausschlaggebend. Folgte Hayek bereits in seinen frühen Arbeiten dem Prinzip des methodologischen Individualismus, so wendet er nun seine Erkenntnisse aus der Wirtschaftsrechnungsdebatte auf die allgemeinere Frage des Entstehens von Institutionen an. Diese behandelt er im sozialphilosophischen Projekt über „Missbrauch und Verfall der Vernunft" (Hayek 2004b [1952b]). Im Zentrum stehen hierbei die Kritik am „rationalistischen Konstruktivismus" und die Unterscheidung von wahrem (schottischen) und falschem (französischen) Individualismus.[68] Der *Irrtum des Konstruktivismus* bestehe demnach darin, dass er meint, der institutionelle Rahmen für Wirtschaft und Gesellschaft ließe sich rational (quasi wie am Reißbrett) planen und gestalten. Dahinter steckt eine „Ingenieursmentalität", die die Gesellschaft behandelt wie eine große Maschine, die es zu (re-)konstruieren gilt.[69] Zentrale Wirtschaftsplanung ist der Extremfall einer solchen konstruktivistischen Sicht: Die Individuen werden einem einer einzigen Zielsetzung folgenden Plan unterworfen, im Glauben, alles für dessen Durchführung benötigte Wissen könne dem Planer verfügbar gemacht werden.

Der **Organisation** der Gesellschaft nach einem einzigen umfassenden Plan, wie er dem Konstruktivismus vorschwebt, setzt Hayek das Konzept einer *Ordnung* entgegen, die es den Einzelnen erlaubt, ihr (allenfalls nur ihnen allein verfügbares und nicht kommunizierbares) Wissen für die Verfolgung *eigener Ziele*

---

67 Die Entwicklung lässt sich an den innerhalb von fünf Jahrzehnten entstandenen Werken Hayeks ablesen, von *The Road to Serfdom* über das *Abuse of Reason*-Projekt zu *The Constitution of Liberty* und den Spätwerken, *Freiburger Studien, Law, Legislation and Liberty*, und *The Fatal Conceit.*

68 Vgl. dazu Hayek (1948b).

69 Für den Begriff „Konstruktivismus" vgl. z.B. Hayek (2007c [1967c], 74), zuvor spricht Hayek (2004b [1952b], Teil 1, besonders Kapitel 10) synonym von „Szientismus" oder „Planungsmentalität".

einzusetzen. Die Voraussetzung hierfür ist ein institutionelles Regelwerk, das eine Ordnung – paradigmatisch dafür ist das Konzept des ökonomischen Gleichgewichts – schafft, die eine wechselseitige Abstimmung und Koordination der Handlungen ermöglicht. In einer späteren Arbeit bezeichnet Hayek (2003a [1973], Kapitel 2) diesen Gegensatz zwischen der *Organisation* nach einem einzigen Plan und der *Ordnung*, innerhalb der eine Vielzahl individueller Pläne verwirklicht werden kann, als den zwischen *Taxis und Kosmos*. In der Frage, wie sich das Regelwerk einer solchen Ordnung herausbildet, unterliegt Hayeks Position insofern einem Wandel, als für ihn historisch gewachsene im Gegensatz zu gesetzten Regeln zunehmend an Bedeutung gewinnen.

In seiner mittleren Phase akzeptiert Hayek die planvolle Setzung der Regeln durch den Staat als Element der Wirtschaftspolitik. Er unterscheidet diese „gute" den Wettbewerb ermöglichende Form von Planung („Planung für den Wettbewerb") von der „schlechten" Planung, die trachtet den Markt zu ersetzen.[70] Das kommt der *ordoliberalen* Idee der aktiven Herstellung einer Wettbewerbsordnung nahe, auch wenn Hayek hierzu keine konkreten Vorschläge anbietet und später von dieser Form der Wettbewerbspolitik wieder abrückt. In seiner späten Phase begründet Hayek die Herausbildung des institutionellen Regelwerks *evolutorisch* – analog zur Generierung des Preissystems im Rahmen einer marktwirtschaftlichen Ordnung bilden sich auf einer höheren Ebene Regelwerke als „Handelnsordnung" (Hayek 2003b [1969d], Kapitel 4) heraus. Der Staat tritt nun nicht mehr aktiv als Regelsetzer auf, sondern nur als Ermöglicher der Herausbildung der spontanen Ordnung eines gesellschaftlichen Regelwerks durch den Prozess der kulturellen Evolution. Als klassische Beispiele für derart entstandene Ordnungsstrukturen nennt Hayek (in Anlehnung an Mandeville): „Gesetz und Moral, Sprache, Markt, Geld und das Wachsen unseres technischen Wissens" (2017 [1969c], 104).

Zusammenfassend kann die spezielle Ausprägung des Hayekschen Liberalismus und dessen Wandel im Zeitablauf an der dem Staat zugedachten Rolle im Vergleich zu anderen Ansätzen dargestellt werden. Hayek anerkennt jedenfalls die Notwendigkeit eines – vom Staat durchzusetzenden – institutionellen Rahmens, innerhalb dessen die freien Entscheidungen der Individuen (z.B. in der Wirtschaft) erst zur Geltung kommen. In der von Hayek (2003a [1976a], 266-271) bevorzugten Metapher eines *Spiels* (der *Katallaxie*) ausgedrückt: der Staat bestimmt die Spielregeln (die Ordnung), aber nicht die Spielzüge (den Prozess). Jedenfalls befürwortet Hayek damit ein „positives Programm" für einen neu zu

70 Vgl. Hayek 2004a [1944], 34-40).

konzipierenden Liberalismus und wendet sich damit gegen die – im Manchester-Liberalismus des 19. Jahrhunderts vorherrschende – negative Sicht, die vom Staat bloßes Nichtstun, „laisser faire“, fordert. Anders als Hayek möchte etwa Mises, als Vertreter eines solchen *Paläoliberalismus*, die Staatsaufgaben auf die bloße Gewährleistung der „Sicherheit des Lebens und der Gesundheit, der Freiheit und des Sondereigentums [i.e. Privateigentums] gegen gewaltsame Angriffe“ beschränken (Mises 1927, 46). Er vertritt hierbei die Position eines rationalistischen Utilitarismus, wonach die liberalen Institutionen von selbst aus dem Zusammenwirken der autonomen Entscheidungen der Individuen und deren rationaler Einsicht in die Überlegenheit der Ergebnisse eines Marktsystems entstehen. Dagegen fungiert in der Sicht Euckens der Staat als *Schiedsrichter*, was ihn in manchen Belangen – so bei der Herstellung der Wettbewerbsordnung – zu diskretionären Eingriffen in den Wirtschaftsprozess berechtige. In diesem Sinne enthält der *Ordoliberalismus* Elemente eines konstruktivistischen Ansatzes, auch wenn er bei der Setzung des Ordnungsrahmens die Bedeutung gewachsener (statt gesetzter) Regeln betont. Hayeks eigene Metapher für die Funktion des Staates ist die des *Gärtners – nota bene*: eines englischen, nicht eines französischen Gartens –, somit eines Staates, der sich auf die Durchsetzung bestehender Regeln beschränkt und der Entwicklung neuer Regeln (im Wettbewerb) freien Raum lässt.[71] In seiner im Zeitablauf sich stetig verstärkenden Ablehnung einer konstruktivistischen Position sieht Hayek das Potential für gesellschaftlichen Fortschritt aber immer weniger im *Er*finden als im *Finden* und *Entdecken* institutioneller Regelwerke. Die zwei „Erfindungen“ (die Entstaatlichung des Geldes und sein System der Demokratie), die sich Hayek selbst zu Gute hält, interpretiert er in diesem Sinne als Nachvollzug von staatlich behinderten Evolutionen.

Freiheit, Ordnung, Regeln, Evolution

Im Folgenden soll Hayeks Verständnis der freiheitlichen Ordnung, ihrer Eigenschaften und ihres Entstehens, dargestellt werden. Vorauszuschicken ist, dass Hayek in seinem Werk den Vorrang der individuellen Freiheit sowohl als absolutes Ziel als auch instrumentell, als Mittel, um das Überleben einer arbeitsteilig organisierten Gesellschaft zu sichern, begründet.[72]

71 Für die Gärtner-Metapher siehe Hayek (2004a [1944], 20), zum Vergleich mit Mises und Eucken siehe instruktiv Kolev (2013, Kapitel 2 und 4).

72 Vgl. z. B. Hayek (2005 [1960], Kapitel 1).

Von besonderer Bedeutung ist Hayeks Verknüpfung von Freiheit und **Rechtsstaat**. Individuelle Freiheit als Abwesenheit von (staatlichem) Zwang ist nur unter der „**Herrschaft des Gesetzes**" („rule of law") möglich (Hayek 2005, Teil 2). Dabei ist der Rechtsstaat für Hayek dadurch definiert, dass die Handlungen der Individuen nur durch Regeln eines ganz bestimmten Typus beschränkt werden dürfen, nämlich durch allgemeine, abstrakte und negative Regeln. Sie müssen demnach für alle Individuen gleichermaßen gelten, sich nicht (nur) auf einen konkreten Fall beziehen, und spezifische Handlungen wohl verbieten, aber nicht vorschreiben. Im Gegensatz zu solchen Regeln, die das Fundament einer (freiheitlichen) *Ordnung* bilden, gehören Anordnungen – die sich an Einzelne richten und ihr Handeln in einer konkreten Situation anleiten – ins Reich der *Organisation.*[73] Allerdings wurde gegenüber Hayeks Grundlegung der Freiheit geltend gemacht, dass die geforderten Eigenschaften von Regeln wohl eine notwendige, aber keine hinreichende Bedingung für individuelle Freiheit als Abwesenheit von Zwang bieten; sie seien daher in mancher Hinsicht ergänzungsbedürftig.[74]

Hayek sieht unter dem Aspekt der *Wissensteilung* eine Analogie zwischen der Orientierung an Preisen in einer Marktwirtschaft und der Befolgung von Regeln in einer freiheitlichen Ordnung. Ebenso wie das Preissystem sei ein System von Regeln eine Reaktion auf das generische Problem der Unwissenheit, dem sich individuelle Akteure in ihrem Handeln gegenübersehen. Da die Wissensanforderungen an eine optimale Entscheidung unerfüllbar groß sind, liegt die Alternative darin, sich an Regeln zu halten, die das Verhalten ordnen, indem sie die Handlungen anderer voraussehbar machen und die individuelle Anpassung erleichtern. Die in Frage kommenden Regeln erschöpfen sich keineswegs in denen des gesetzten Rechts, vielmehr sind auch moralische und soziale Normen Beispiele für solche abstrakte, dem Individuum oft gar nicht (völlig) bewusste Regeln. Deren Befolgung durch eine Vielzahl von Individuen schafft – insbesondere in komplexen Umwelten – eine Ordnung, d.h. eine Situation, in der sich die wechselseitigen Erwartungen der Individuen erfüllen können. Wie erwähnt, hat bereits Menger die Entstehung solcher Ordnungen durch einen spontanen Prozess der Bildung von Institutionen – wie z.B. Geld oder Sprache – beschrieben. Daran anknüpfend prägt Hayek für dieses Phänomen den Begriff der *spontanen Ordnung*. Solche Ordnungen werden nicht vom Menschen konstruiert, sondern sind das Ergebnis des Wirkens einer „unsichtbaren Hand" (Adam

73 Vgl. den Gegensatz von Kosmos und Taxis in Hayek (2003a [1973], Kapitel 2).

74 Vgl. z.B. Gray (1984, 64).

Smith), das „Ergebnis menschlichen Handelns, aber nicht menschlichen Entwurfs“ (Adam Ferguson).[75]

In seiner späten Phase betont Hayek besonders die Bedeutung des Prozesses der *kulturellen Evolution* für die Hervorbringung spontaner Ordnungen und als dafür kritischen Mechanismus den der **Gruppenselektion**. Der Ausgangspunkt für die Entstehung neuer Regeln mag dabei sowohl im Zufall als auch im (ursprünglich vielleicht eigennützig motivierten) Bruch traditioneller Regeln liegen. Unter den konkurrierenden Regeln werden durch die kulturelle Evolution jene Traditionen (oder institutionelle Regelwerke) selektiert, die sich für die Reproduktion der sie befolgenden Gruppen am günstigsten auswirken. Solche ein Regelsystem begünstigenden Effekte sind die steigende Verfügungsmacht über materielle Ressourcen – z. B. durch eine höhere Produktivität in der Güterversorgung – und als deren Folge die Zunahme der Zahl der Gruppenmitglieder durch Bevölkerungswachstum oder durch Migration.

In diesem Sinne stellen die in den Traditionen enthaltenen Regelwerke einen Speicher sozialen Wissens dar und bilden zugleich eine autonome Quelle menschlicher Werte, neben der natürlichen Selektion (Instinkt) und der planerischen Anwendung des Intellekts (Vernunft).

> Die drei Quellen menschlicher Werte: Neben den „genetisch bestimmten und somit angeborenen [und] den Produkten rationalen Denkens“ ist als dritte Quelle die „Kultur weder natürlich noch künstlich, weder genetisch übertragen noch rational geplant“. (Hayek 2003a [1979a], 460, 462)

Die in eine **Großgesellschaft** (nach dem Vorbild von Adam Smiths „Great Society“) eingebettete moderne Marktwirtschaft sieht Hayek als Ergebnis dieses Prozesses der kulturellen Evolution. Sie habe sich im Wettstreit der Traditionen (und Kulturen) durchgesetzt, weil sie das Überleben und den Wohlstand der Menschen am besten zu befördern vermochte – erst die Marktwirtschaft ermöglichte die Reproduktion eines Vielfachen der Bevölkerungszahl früherer Jahrhunderte. Diese Gesellschaft ist „groß“ in dem Sinne, dass die Beziehungen zwischen den Individuen über das überschaubare Ausmaß der Kleingruppe hinausgehen und durch abstrakte Regeln bestimmt sind, die Ordnung – ein den

75 Siehe z. B. Hayek (2003b [1969b, d], Kapitel 13 und 4, sowie 2003a [1973], Kapitel 2). Eine erkenntnistheoretische Grundlage für das Handeln nach Regeln bietet Hayeks Studie, *Die sensorische Ordnung* (2006b [1952a]).

Erwartungen entsprechendes Verhalten – auch im Verkehr mit „Fremden" ermöglichen (Hayek 2003a [1976a], Kapitel 11).

Die Großgesellschaft: in der „Company of Strangers"! (Seabright 2004)

Im Widerstreit mit Instinkt und Vernunft werden die Hervorbringungen der *kulturellen Evolution* von diesen alternativen Motivationen des menschlichen Handelns bedroht. Einerseits schätzt, wie bereits dargelegt, der Konstruktivismus die Ergebnisse der kulturellen Evolution gerade deshalb gering, weil sie historisch gewachsen und nicht das Produkt eines planerischen Kalküls sind. Auf der anderen Seite steht das Regelwerk der Großgesellschaft in Konflikt mit dem instinktgeleiteten Verhalten, wie es sich in einer frühen Entwicklungsphase in *Kleingruppen* und **Stammesgesellschaften** bewährt hat.

Als ein Beispiel für solche Konflikte zwischen den Erfordernissen der Großgesellschaft und aus der stammesgesellschaftlichen Phase sich nährenden Instinkten nennt Hayek die Idee der *sozialen Gerechtigkeit* (Hayek 2003a [1976a], Teil 2). Hayeks Ablehnung dieses „Trugbildes" knüpft an das Konzept der *kommutativen* im Gegensatz zur *distributiven Gerechtigkeit* an: Ergebnisse von gesellschaftlichen Prozessen, für die kein Individuum verantwortlich ist, können demnach nur gerecht genannt werden, insofern sie aus einem Prozess resultieren, der nach „gerechten" Regeln („just conduct") abläuft. Dies seien aber die nach den Grundsätzen der Herrschaft des Gesetzes definierten Regeln. Die Gleichbehandlung unterschiedlicher Individuen muss zu unterschiedlichen Resultaten führen; gleiche Ergebnisse können nur durch Ungleichbehandlung erreicht werden. Für „Verteilungsgerechtigkeit" ist in Hayeks System daher kein Platz. Insbesondere ist hervorzuheben, dass Hayeks Position auch im Gegensatz zum Versuch einer meritokratischen Rechtfertigung der Marktwirtschaft steht: Erfolg hänge mindestens ebenso sehr von Zufall wie von Leistung ab. Hayek ergänzt hierzu:

> Sicherlich ist es in der Marktwirtschaft … wichtig, dass der einzelne daran glaubt, dass sein Wohlbefinden in erster Linie von seinen eigenen Anstrengungen und Entscheidungen abhängt. (Hayek 2003a [1976a], 225)

Die sich stetig steigernde Abneigung gegen das „Wiesel-Wort" „sozial" machte schließlich auch vor der *sozialen Marktwirtschaft* nicht Halt:

> Was es [das Wort ‚sozial'] eigentlich heißt, weiß niemand. Wahr ist nur, dass eine soziale Marktwirtschaft keine Marktwirtschaft, ein sozialer Rechtsstaat

> kein Rechtsstaat, ein soziales Gewissen kein Gewissen, soziale Gerechtigkeit keine Gerechtigkeit – und ich fürchte auch, soziale Demokratie keine Demokratie ist. (Hayek 2004c [1979b], 62)

Ludwig Erhard legt er allerdings die Interpretation in den Mund, Marktwirtschaft sei *eo ipso* sozial und brauche nicht sozial gemacht zu werden, und die Praxis der deutschen Wirtschaftspolitik beurteilt Hayek noch 1976 als vorbildlich.[76]

Der von Hayek skizzierten Großgesellschaft entspricht ein Menschenbild, dessen Gefährdungen deren prekäre Existenz belegen. Die Großgesellschaft basiert auf dem Individuum, das Regeln befolgt, die aus einer respektierten Tradition – Recht, Moral, Religion – stammen (und nur behutsam angepasst werden). Die sich daraus ergebende Ordnung ist gefährdet sowohl durch Akteure, deren Verhalten instinktgeleitet und von der Kleingruppe der Stammesgesellschaft geprägt ist, als auch durch diskretionär (für den Einzelfall) nutzenmaximierende Akteure, die auf Grund ihrer Vorteilsberechnungen bereit sind, gegen Regeln zu verstoßen und diese damit zu zerstören.[77] In dieser Hinsicht enthält das Hayeksche Denken – obwohl er sich an anderer Stelle gegen diese Verwandtschaft verteidigt[78] – durchaus *konservative* Elemente, z. B. in der Hochschätzung traditioneller moralischer Werte (Familie, Religion), die er als für die Großgesellschaft förderlich erachtet (Hayek 2011b [1988], Kapitel 9).

Liberalismus und Demokratie

Einen besonderen Aspekt des Hayekschen Werkes macht die Untersuchung des Spannungsverhältnisses von wirtschaftlicher und politischer Freiheit bzw. von freiheitlicher Ordnung und Demokratie aus.

Das erste Thema behandelt Hayek in *The Road to Serfdom*, der ersten Station auf seinem Weg vom Ökonomen zum Sozialphilosophen. Während Hayek in der Wirtschaftsrechnungsdebatte gegen die Planwirtschaft noch deren ökonomische Ineffizienz hervorhob, konzentriert er sich nun auf die politischen Folgen. Ein System der zentralen Wirtschaftsplanung bedingt, dass im Prinzip alle öko-

76 Vgl. hierzu Hennecke (2000, 271) und die Leserbriefe Hayeks an *The Times*, 21. und 31. Dezember 1976, 13 und 15.

77 Ein Beispiel dafür bietet Schumpeters These von der Erosion der moralischen Stützen des Kapitalismus durch die vom Markt geförderte (Ziel-Mittel-)Mentalität (vgl. Schumpeter 1946).

78 Vgl. „Why I am not a conservative", Nachwort zu Hayek (2005 [1960]).

nomischen Aktivitäten einem einzigen Plan unterworfen werden müssen. Dieser Plan muss die Dringlichkeit der zu produzierenden Güter sowie die zu wählenden Produktionsverfahren bestimmen – die Frage der *Allokation*, und er muss letztlich die Aufteilung der Produktion auf die einzelnen Individuen vornehmen – die Frage der *Verteilung*. Das steht im Gegensatz zum Ordnungsprinzip einer Marktwirtschaft, die die Verfolgung unterschiedlicher individueller Pläne zulässt, indem z.B. die Konsumenten ihre Kaufentscheidungen aufgrund ihrer eigenen Dringlichkeitsreihungen treffen können. Selbst wenn in einer Gesellschaft ein Konsens über die „Notwendigkeit von Planung“ bestehen sollte, wäre es aber schwer vorstellbar, dass eine Einigung über den Inhalt des Plans erfolgen könnte:

> Wenn Menschen dahin übereinkommen, dass es eine zentrale Planwirtschaft geben muss, aber über die Ziele verschiedener Ansicht sind, so läuft das ungefähr auf dasselbe hinaus, wie wenn eine Gruppe von Personen sich zu einer gemeinsamen Reise entschließen würde, ohne sich jedoch über das Reiseziel einig zu sein, was zur Folge hat, dass sie alle eine Reise unternehmen müssen, die die meisten ganz und gar nicht machen wollen. (Hayek 2004a [1944], 57).

Im Versuch, einen solchen einheitlichen Plan gegenüber den einander widerstreitenden individuellen Zielen durchzusetzen, erkennt Hayek eine eminente Bedrohung der politischen Freiheit, sowohl der individuellen Freiheitsrechte als auch der demokratischen Regierungsform. Aus seiner Sicht geht dem Abgleiten politischer Systeme in Diktatur und Totalitarismus regelmäßig die Einführung planwirtschaftlicher Elemente voran: Jeder Sozialismus (wie schon der National*sozialismus*) führt in den Totalitarismus. Die Verpflichtung der Individuen auf einen einzigen Plan steht im Widerspruch zur Ausübung wirtschaftlicher und politischer Entscheidungsfreiheit und daher müssten diese zugunsten von jenem geopfert werden. Dazu ist festzuhalten, dass Hayek (zumindest in seiner späten Phase) die Freiheit nicht nur durch den „heißen“ Sozialismus einer Planwirtschaft, sondern auch durch den „kalten“ Sozialismus des **Wohlfahrtsstaates** bedroht sieht, den er durch die Kombination von Umverteilung, das Überhandnehmen des öffentlichen Sektors und ausufernde Sozialpolitik charakterisiert.[79]

Offen beibt die Frage der *Unvermeidlichkeit* dieser Entwicklung.[80] *The Road to Serfdom* ist am Ende des Krieges angesichts einer weit verbreiteten Pla-

---

79 Vgl. Hayek (2005 [1960], Kapitel 17, besonders 350); siehe dazu auch Caldwell (2011) und Farrant & McPhail (2011).

80 Vgl. dazu Farrant & McPhail (2009).

nungs-Euphorie entstanden und war als *Warnung* vor den schwerwiegenden Folgen solcher Planung gedacht. Hayek beschäftigte sich daher zunächst mit den zu befürchtenden Konsequenzen einer umfassenden Planwirtschaft. Den Weg dorthin sah er als einen sich selbst beschleunigenden Prozess, einen „schlüpfrigen Abhang", wobei jeder Eingriff in Richtung Planwirtschaft ein Mehr an Intervention nach sich zöge und so die Tendenz zu Sozialismus und Totalitarismus verstärkte. Auch wenn er damit nicht so weit geht wie Mises, für den jede auch noch so geringfügige Abweichung von einem 100%igen Liberalismus ein Abgleiten in den Sozialismus bedeutete, schreibt wohl auch Hayek intermediären Positionen zwischen Markt und Plan – wie dem Misesschen Typus des *Interventionismus*, der *gemischten Wirtschaft* oder wohl auch dem *Wohlfahrtsstaat* – Instabilität und damit die Tendenz zu Sozialismus und Totalitarismus zu. Anderseits liegt es gerade im Charakter einer Warnung, dass diese Tendenzen nicht als irreversibel betrachtet werden: Das Überhandnehmen von Planung in der Wirtschaft und der Weg in die Knechtschaft unterliegen keinem Determinismus, sondern können durch die Rückkehr zu dem von Hayek befürworteten liberalen Programm umgekehrt werden. Hayeks Postulat einer einseitigen Kausalität zwischen wirtschaftlicher und politischer Unfreiheit mag nicht für alle historischen Beispiele überzeugen. Die Tatsache, dass im Ländervergleich die Kombination von wirtschaftlicher Unfreiheit mit politischer Freiheit eine Rarität darstellt, spricht immerhin für einige Meriten von Hayeks These.[81]

Während Hayek in *The Road to Serfdom* wirtschaftliche und in der Folge politische Freiheit durch den Sozialismus bedroht sieht, legt er später den Schwerpunkt auf potentielle Konflikte zwischen Liberalismus, Rechtsstaat und Demokratie.[82] Der Ausgangspunkt der Überlegungen ist, dass in einer Verfassung u. a. zwei wesentliche Fragen entschieden werden müssen: Wie soll über die Machtausübung im Staat entschieden werden, und: Wie soll die Machtausübung begrenzt werden? Die *Demokratie* überantwortet die Entscheidung über die Machtausübung dem „Volk" (in welcher konkreten Form auch immer) und macht dadurch einen friedlichen Machtwechsel möglich. Der Liberalismus (in der Form der *Herrschaft des Gesetzes*) hingegen begrenzt das Ausmaß möglicher Machtausübung durch die Beschränkung auf allgemeine und abstrakte Regeln. In diesem Sinne kann Demokratie in Konflikt mit dem Liberalismus und dem Rechtsstaat gelangen, wenn davon ausgegangen wird, der Volkswille (die Mehrheit) recht-

81 Vgl. die unterstützende Evidenz bei Lawson & Clark (2010).
82 Vgl. besonders Hayek (2003a [1979a], Teil 3).

fertige die Verabschiedung von Gesetzen, die die Grenze der so definierten Rechtsstaatlichkeit überschreiten.

Hayek unterscheidet in diesem Sinne zwischen **beschränkter und unbeschränkter Demokratie**:

> Eine beschränkte Demokratie mag tatsächlich der individuellen Freiheit den besten Schutz bieten, besser als irgendeine andere Form beschränkter Herrschaft, aber eine unbeschränkte Demokratie ist wahrscheinlich schlechter als irgendeine andere Form unbeschränkter Herrschaft. (Leserbrief an *The Times*, 11. Juli 1978)

Tatsächlich sieht Hayek unter diesem Gesichtspunkt die Entwicklung der westlichen Demokratien in die Richtung einer ständig anwachsenden Machtfülle der Regierung mit großer Skepsis. Je weniger die Macht der Demokratie beschränkt ist, desto größer die Gefahr, dass sie von Partikularinteressen usurpiert wird. Diese Gefahr gehe besonders von den Ideen der sozialen Gerechtigkeit und des Wohlfahrtsstaates aus, weil unter deren Vorherrschaft Demokratie in eine Diktatur der Mehrheit ausarten könne, in der nicht mehr gleiche Regeln für alle gelten, sondern sich die Mehrheit die für sie geltenden Regeln zurechtbiegt. Hayek befürwortet daher durchaus einen *starken Staat*, allerdings einen, der seine Stärke in der Abwehr von Partikularinteressen und populistischen Forderungen zeigt.

Einen blinden Fleck seiner Sicht des Antagonismus von Freiheit und Demokratie offenbart Hayek allerdings in der Behauptung, wonach manchmal autoritäre Regime (wie z. B. das Pinochets in Chile) die Freiheit besser schützten als Demokratien.[83] Was Hayek – zumindest bei dieser Gelegenheit – wohl verkannt hat, ist, dass wirtschaftliche Freiheit (die solche autoritäre Regime garantieren mögen) keine hinreichende Bedingung für zivile Freiheiten darstellt und dass sich der Gegensatz zur Freiheit nicht im Sozialismus erschöpft.

Als institutionelle Lösung des Konflikts zwischen Demokratie und Liberalismus propagiert Hayek seine zweite „Erfindung" (unter dem Namen **Demarchie**), nämlich die Trennung der Funktionen von Gesetzgebung und Vollziehung und die Zuweisung dieser Funktionen an zwei separate Kammern.[84] Der Beschluss von Gesetzen im Sinn von Hayeks Rechtsstaatkonzeption – allgemeine und abstrakte Regeln – sollte einer Kammer vorbehalten bleiben, deren Mitglieder

---

83 Siehe Hayeks Leserbrief an *The Times*, 3. August 1978, 15; vgl. dazu auch Hennecke (2000, 348-351) und neuerdings Caldwell & Montes (2015).

84 Vgl. Hayek (2003a [1979a], Kapitel 17).

für so lange Perioden gewählt werden, dass dadurch die Unabhängigkeit ihrer Entscheidungen gewährleistet erscheint. Ihnen möchte Hayek die Weiterentwicklung des institutionellen Rahmenwerks, im Nachvollzug und allenfalls als Ergänzung der evolutorisch sich durchsetzenden Normen, anvertrauen. Die Beschlüsse der mit der Vollziehung betrauten Kammer können nur auf Grund dieser Gesetze erfolgen und entsprechen insofern dem Ideal einer „beschränkten Demokratie".

Wirtschaftspolitik in einer freiheitlichen Ordnung

Die Aussagen zur freiheitlichen Ordnung werden im wirtschaftlichen Bereich durch die Festlegung konkretisiert, worin die *Aufgaben und Grenzen* staatlicher Wirtschaftspolitik bestehen.

Hayek hat zu dieser Frage in seinen Schriften, von *The Road to Serfdom* bis zu *The Fatal Conceit*, in durchaus unterschiedlicher Nuancierung Stellung bezogen. Scheint der frühe Hayek z.T. noch in der neoklassischen Tradition der *Wohlfahrtsökonomik* befangen, die mit dem Kriterium der *Effizienz* argumentiert, so wird für ihn später immer mehr der Aspekt der Regelbasierung und Wettbewerbsorientierung entscheidend. Ohne diese Positionsverschiebung in Hayeks Denken zu vernachlässigen, wird im Folgenden doch versucht, die gemeinsamen Grundüberzeugungen zur Rolle des Staates herauszufiltern.[85]

Prinzipiell geht Hayek davon aus, dass überall dort, wo eine Koordination durch Marktpreise und private Unternehmen möglich ist, der Markt mit der Produktion solcher (privater) Güter betraut werden soll. Die Existenz *kollektiver* (oder *öffentlicher*) *Güter* wird aber nicht bestritten. Sofern für diese Nicht-Ausschließbarkeit bzw. Nicht-Rivalität im Konsum gilt, kann weder die Entscheidung über das Ausmaß der Versorgung noch die Finanzierung privatwirtschaftlich (durch Preise) erfolgen. Daraus folgt zwar, dass das Versorgungsniveau durch politische Entscheidung festgesetzt und die Finanzierung durch Steuern gesichert werden muss, aber nicht, wie Hayek nicht müde wird zu betonen, dass die Produktion selbst durch öffentliche Unternehmen erfolgen muss, vielmehr plädiert Hayek für eine Auslagerung an den privaten Sektor. Dem Nutzen, den öffentliche Güter stiften, müssen aber bei der Entscheidung eindeutig die Lasten der Steuern gegengerechnet werden – einen konkreten Mechanismus für die korrekte Offen-

85 Vgl. zum Folgenden Hayek (2005 [1960], Teil 3, und 2003a [1979a], Kapitel 14). Die schon in den vorigen Kapiteln behandelten Positionen Hayeks zur Geld-, Währungs- und Konjunkturpolitik werden hier nicht mehr dargestellt.

legung der Präferenzen für öffentliche Güter gibt er jedoch nicht an. Der generellen Rechtfertigung staatlicher Eingriffe in das Marktergebnis mit dem Argument des *Marktversagens* (neben öffentlichen Gütern z.B. bei externen Effekten oder Informationsasymmetrien) steht Hayek allerdings zunehmend skeptisch gegenüber: Der Staat sei kein allwissender und wohlwollender Diktator, sondern agiere unter der Bedingung beschränkten Wissens und potentieller Fehlanreize – im Vergleich zum Marktversagen sei *Staatsversagen* die größere Gefahr.

In der *Steuerpolitik* folgt Hayeks Position konsequent aus der Befürwortung des Ideals der kommutativen im Gegensatz zur distributiven Gerechtigkeit sowie generell aus einer auf Gleichbehandlung basierenden Politik. Dieses Kriterium der Gleichbehandlung sieht Hayek z.B. durch eine progressive Besteuerung der Einkommen verletzt. Darüber hinaus lehnt er auch eine mit dem Ziel der Umverteilung begründete Besteuerung von Vermögen und Erbschaften ab.[86]

Von besonderer Bedeutung – in Abgrenzung zum von Hayek abgelehnten Wohlfahrtsstaat – ist sein Ansatz zum Problem der *sozialen Sicherheit*. Da in der Großgesellschaft die anfallenden Risiken nicht mehr wie in der Kleingruppe durch Gruppensolidarität aufgefangen werden können, sieht Hayek hier eine Aufgabe für den Staat durch Gewährung einer Mindestsicherung für alle. Diese könne zwar ein bedingungsloses Mindesteinkommen und Sozialversicherung (in den Bereichen Altersvorsorge, Krankheit, Arbeitslosigkeit) umfassen, müsse aber auf Regeln beruhend und wettbewerblich orientiert organisiert sein. So wendet sich Hayek z.B. gegen ein staatliches Angebotsmonopol in der Sozialversicherung ebenso wie gegen die Finanzierung durch ein Umlageverfahren, das nur zu Inflation und Konflikten zwischen den Generationen führe. Im Übrigen besteht zwischen dem von Hayek akzeptierten und dem von Wohlfahrtsstaatkonzeptionen angestrebten Umfang der sozialen Sicherung ein quantitativer Unterschied – so ist für Hayek etwa die Berücksichtigung von Anreizeffekten wichtig. Strikt lehnt Hayek auch den Versuch ab, im Namen einer Sozialpolitik die relativen (Einkommens-)Positionen der Betroffenen abzusichern.[87]

Einer intensiveren Würdigung wert ist zuletzt Hayeks vorsichtige Position in der *Wettbewerbspolitik*. Hier sticht der Unterschied zum Ordoliberalismus Euckenscher Prägung besonders hervor. Besteht zunächst noch eine gewisse Nähe

86 Vgl. zusätzlich Hayek (2001 [1952d], Kapitel 17).
87 Vgl. z.B. Hayek (2005 [1960], Kapitel 19).

zu dieser Sichtweise,[88] so wendet sich Hayek im Lauf der Jahre tendenziell der von Mises und der (neuen) Chicago-Schule vertretenen Position zu: Nicht die Monopole an sich, sondern die Verhinderung von Wettbewerb seien das zu bekämpfende Übel. Daher gehe es um möglichste *Wettbewerbsfreiheit*, ein Offenhalten der Märkte und die Vermeidung staatlicher Begünstigung von Monopolen. Diese (negative) Form der Wettbewerbspolitik steht im Gegensatz zu denjenigen Maßnahmen, wie sie die Ordoliberalen, aber auch die US-amerikanische Tradition des „trust-busting" fordern: Kartellverbote bzw. Missbrauchsprinzip, Verbot von Fusionen, Zerschlagung von Monopolen, Preisregulierung bei natürlichen Monopolen usw.

> Dass nicht ein Monopol, sondern nur die Verhinderung von Wettbewerb ... moralisch unrecht ist, sollten besonders jene ‚Neoliberalen' bedenken, die glauben, ihre Unparteilichkeit dadurch unter Beweis stellen zu müssen, dass sie gegen jedes Unternehmermonopol ebenso wettern wie gegen Gewerkschaftsmonopole, und dabei vergessen, dass viele Unternehmermonopole das Ergebnis besserer Leistung sind, während jedes Gewerkschaftsmonopol auf der erzwungenen Unterdrückung von Wettbewerb beruht. (Hayek 2003a [1979a], 389)

Maßnahmen staatlicher Monopolbekämpfung müssen – nach Hayek – am konstitutiven Wissensdefizit der staatlichen Behörden scheitern, deren Unwissen über die mit Wettbewerb noch verträgliche Unternehmensgröße oder den korrekten „Als-ob"-Wettbewerbspreis. Zudem behinderten solche Regulierungen das Entdeckungsverfahren des Wettbewerbs.

Zusammenfassend ist Hayeks Sicht der Grenzen staatlicher Aktivität über die Zeit nicht unverändert geblieben, sondern hat sich tendenziell zu einer immer staatsskeptischeren Position hin entwickelt. Auch in seiner letzten und rigidesten Phase ist Hayek kein Anhänger eines Minimalstaates, allerdings werden auch nur wenige (wie Hoppe 1994) in ihm einen Krypto-Sozialdemokraten erkennen können.

---

88 Vgl. die 1945 gebrauchte Formulierung, Wettbewerb „benötige sehr viel an staatlicher Aktivität, damit er wirksam bzw. dort ergänzt werde, wo er nicht wirksam gemacht werden kann" (zitiert in Hayek 1994, 111).

Appendix: Hayeks Methodologie

Im Vergleich zu einigen neueren Arbeiten (vgl. Caldwell 2004, Vanberg 2011) wurde auf Hayeks methodologische Ansätze hier weniger Wert gelegt, ein kurzer Überblick soll nun nachgeholt werden.

In zweierlei Hinsicht steht Hayek, wie bereits erwähnt, fest in der Tradition der Österreichischen Schule, nämlich in der konsequenten Fortsetzung des *methodologischen Individualismus* und *Subjektivismus.* Ersterer kommt schon früh in seiner Ablehnung „makroökonomischer" Ansätze zum Ausdruck, die Beziehungen zwischen Durchschnitts- oder Aggregatgrößen stipulieren, ebenso in seiner Sicht von Institutionen als Ordnungen und Ergebnis menschlichen Handelns, nicht aber als Organisationen und Ergebnis planerischer Konstruktion. Letzterer zeigt sich unter anderem im Zusammenhang mit der *Wissensteilung* darin, dass es nicht die physischen Umstände sind, die das Handeln leiten und eingrenzen, sondern das Wissen darum, deren subjektive Wahrnehmung: In diesem Sinne sind alle sozialwissenschaftlichen Fakten subjektiv.

In der Sekundärliteratur ist umstritten, inwieweit Hayek die methodologische Position seines Mentors Mises teilte.[89] Mises gilt als radikaler Vertreter eines *Apriorismus,* wonach alle Aussagen über das wirtschaftliche System sich aus dem einsichtigen Axiom des zielgerichteten Handelns der wirtschaftlichen Akteure entwickeln ließen – von Kritikern als Extremfall einer „Schreibtischökonomie" bezeichnet. Demgegenüber hält Hayek schon früh – bereits in seiner Habilitationsschrift – die Bedeutung der empirischer Prüfung von Theorien fest, wenn auch in der Form, dass diese Tests die Grenzen der Gültigkeit der Theorien aufzeigen. Klar, wenn auch diplomatisch formuliert, distanziert sich jedenfalls Hayek (1937b) vom Misesschen Apriorismus, indem er nur den Theoremen des individuellen Gleichgewichts apriorische – aus der Annahme des rationalen Handelns abzuleitende – Gültigkeit zuspricht, nicht aber denen des Marktgleichgewichts oder allgemeiner den Aussagen über die (Markt-)Koordination. Diese hänge essentiell von der Kommunikation von Wissen zwischen den individuellen Akteuren ab, die sich einer Erfassung *a priori* entzieht. In dieser Hinsicht nähert sich Hayek der von Karl Popper vertretenen Position des kritischen Rationalismus an, wonach Theorien durch empirische Beobachtungen wohl widerlegt (falsifiziert), nicht aber bestätigt (verifiziert) werden können.

Hayeks intensive Auseinandersetzung mit dem Problem der Wissensteilung und des unvollständigen Wissens führt ihn allerdings dazu sich vom *Falsifikatio-*

89 Vgl. z. B. Hutchison (1981, Kapitel 7) versus Caldwell (1992) und die folgende Diskussion.

nismus (in seiner naiven Form) abzugrenzen. Denn im Gegensatz zu den Naturwissenschaften erlaube die in den Sozialwissenschaften anzutreffende komplexe Struktur des Untersuchungsobjekts keine konkreten Voraussagen, sondern nur „Erklärungen des Prinzips" – z. B. ließe sich wohl das Zustandekommen eines Fußpfades voraussagen, nicht aber dessen konkrete Position.[90] Nach der Veröffentlichung von *The Sensory Order* und einer verstärkten Rezeption der Systemtheorie rückt Hayek von der Dichotomie von Natur- und Sozialwissenschaften zugunsten einer Unterscheidung der Wissenschaften danach ab, ob sie sich mit *einfachen oder komplexen Phänomenen* befassen.[91] Einfache Phänomene sind demnach durch das Zusammenwirken von wenigen Variablen charakterisiert, oder von vielen unabhängig wirkenden Variablen, die mit den Mitteln des Wahrscheinlichkeitskalküls erfasst werden können. **Komplexe Phänomene** (solche „organisierter Komplexität") treten typischerweise bei sich selbstorganisierenden Ordnungen auf, auch außerhalb der Sozialwissenschaften – Hayek nennt hierfür als Beispiel die Evolutionstheorie. Eine Theorie komplexer Phänomene muss sich jedenfalls auf **Mustervoraussagen** („pattern predictions") beschränken, sie kann die Eigenschaften solcher Ordnungen qualitativ beschreiben, nicht aber quantitativ voraussagen. Die Phänomene, die die Ökonomie untersucht, sind – wie die vieler anderer Wissenschaften auch – komplex, das macht sie zu einem anderen Typus von Wissenschaft als viele Naturwissenschaften, es macht sie deshalb aber nicht zu einer Pseudowissenschaft.

90 Vgl. Hayek (2004b [1952b], 41-42); siehe auch Caldwell (2004, 247).
91 Vgl. Hayek (1967a [1955], Kapitel 1, und 2007c [1967b], Kapitel 13).

Die Aktualität F. A. Hayeks

Die Entwicklung der Wirtschaftstheorie hat im 20. Jahrhundert eine Reihe von Umbrüchen, *wissenschaftlichen Revolutionen*, durchlebt. Der Keynesschen Revolution nach 1945 folgte in den 1970er-Jahren das Zeitalter von Schumpeter und danach die Rehabilitation Friedrich August Hayeks als großer Ökonom. Hayeks wiederhergestellte Reputation rührte zum nicht geringen Teil von seiner Prophezeiung des Zusammenbruchs des Sozialismus her. Auch in der gegenwärtig herrschenden Finanz- und Wirtschaftskrise, die die Ökonomen, was deren Diagnose und Therapie anlangt, in zwei konkurrierende Lager gespalten hat, wird häufig auf Hayek Bezug genommen. Die eine Seite vermeint in der Krise die Folgen eines ungebändigten, nach neoliberalem Muster organisierten Finanzsystems zu sehen und propagiert – contra Hayek – die Rückkehr zu verstärkter Regulierung und keynesianischen Rezepten der Nachfragesteuerung. Die andere Seite greift direkt auf Hayeks Warnungen vor den Gefahren der Inflation zurück und weist die Verantwortung für die Krise einer zu lockeren Geldpolitik zu, die auch nach Eintreten der Krise kein taugliches Mittel der Krisenbekämpfung sei. Die Ähnlichkeiten und Unterschiede der heutigen Krise und der darüber von den Ökonomen geführten Kontroverse mit derjenigen der 1930er-Jahre – mit Keynes und Hayek als den prominentesten Exponenten – erscheinen augenfällig, auch wenn ein endgültiges Urteil wohl erst im Rückblick des Historikers möglich sein wird. Gerade die heutigen Konflikte zeigen das Spannungsfeld auf, dem sich die Würdigung der Leistungen Hayeks als Ökonom und Sozialphilosoph auszusetzen hat.

Die alles überstrahlende Einsicht, die auch Hayeks Denken in den verschiedensten Bereichen der Ökonomie und anderer Disziplinen Einheitlichkeit verleiht, ist die in die Tatsache der Wissensteilung als das zentrale Problem gesellschaftlicher Koordination oder „Ordnung". Diese Einsicht wird für die unterschiedlichsten Fragestellungen nutzbar gemacht: In der Geld- und Konjunkturtheorie geht es um die Signale intertemporaler Knappheit, die vom Zinssatz ausgehen, und deren Störungen von der Geldseite her. In der Wirtschaftsrechnungsdebatte begründet die Existenz verstreuten Wissens die Unmöglichkeit einer rationalen Zusammenschau der Entscheidungen durch einen zentralen Wirtschaftsplan, sie begrenzt auch die Erfolgsmöglichkeiten einer weniger ambitiösen, bloß auf Korrektur sog. Marktversagens ausgerichteten interventionistischen Wirtschaftspolitik. Für die Theorie einer freiheitlichen Ordnung begründet die Unvollkommenheit des Wissens für die Individuen die Notwendigkeit, anstatt alle Einzelfälle „rational" zu entscheiden, sich an in der Vergangenheit bewährte Regeln zu halten. Und es ist letztlich auch dieses Wissensdefizit, aus dem Hayek sein Vertrauen in die Überlegenheit von durch die kulturelle Evolution tradierten Normen gegenüber den rationalen Konstruktionen von „Sozialingenieuren" schöpft.

Die Anerkennung dieser für die Wirtschafts- und Sozialwissenschaften überaus bedeutenden Einsicht zwingt allerdings nicht dazu, allen von Hayek daraus abgeleiteten politischen Urteilen zu folgen.

So erweist sich der lebenslange Kampf gegen den Sozialismus (in der von Hayek sehr weit gefassten Definition) zugleich als Stärke und Schwäche seines Oeuvres: Früher und hellsichtiger als viele andere erkannte er die Grundübel einer sozialistischen Wirtschafts- und Gesellschaftsordnung – deren ökonomische Ineffizienz und die Gefahr des Abgleitens in den Totalitarismus. Er warnte – öfter zu Recht, als es zeitgenössische Kommentatoren wahrhaben wollten – vor den in der Demokratie drohenden populistischen Verführungen, vor den Forderungen nach (nur diffus definierbarer) sozialer Gerechtigkeit und einem uneingeschränkten Wohlfahrtsstaat. Der geradezu monomanische Kampf gegen den Sozialismus machte Hayek aber – wie die Pinochet-Episode zeigte – blind gegenüber anderen Gefährdungen der Freiheit. Sie machte ihn auch unfähig, potentiell fruchtbare Erkenntnisse in abweichenden Meinungen zu erkennen und Kompromisse zu akzeptieren, da er befürchtete, jeder Schritt weg vom Ideal einer freiheitlichen Ordnung würde deren unwiederbringlichen Verlust einleiten.

Umstritten muss auch Hayeks zentrale Idee der spontanen Ordnung bleiben. So sehr sich Hayek auch müht, die Herausbildung einer solchen Ordnung ökonomisch, sozialphilosophisch oder historisch zu begründen, einen „Beweis" muss er schuldig bleiben. Dass das autonome Verhalten der Individuen innerhalb des Regelwerks eines liberalen Wirtschaftssystems automatisch und aus sich selbst heraus *notwendig* Ordnung produziert und nicht Chaos, lässt sich nicht beweisen. Was Röpke für den Ausnahmefall der sekundären Depression zu zeigen versuchte und was im Gegensatz dazu Keynes für den Regelfall einer von Unternehmerentscheidungen geleiteten Wirtschaft hielt, nämlich das Auftreten von Koordinationsmängeln in Form eines effektiven Nachfrage-Defizits, kommt dem Fall einer solchen „spontanen Unordnung" doch recht nahe. Hayeks Überzeugung vom ausnahmslosen Zustandekommen und der Überlegenheit spontaner Ordnungen lässt sich daher letztlich (wie ja auch sein Gegenteil) nur als Glaubensartikel verteidigen.

In der Rückschau auf sein Werk sieht sich wohl auch Hayek selbst in der Rolle des von *einer* großen Idee inspirierten Forschers. In seiner Unterscheidung von „Zwei Arten des Denkens" (Hayek 2007c [1978b], Kapitel 4) betrachtet er sich im Gegensatz zu den „Meistern ihres Faches“ (wie Böhm-Bawerk oder Robbins) als einen „Tüftler“. Noch vielmehr dürfte für ihn aber der auf ein Versfragment des Archilochos zurückgehende Ausspruch zutreffen:

> Der Fuchs weiß viele verschiedene Dinge, der Igel aber eine große Sache.[92]

92 Vgl. den Tolstoj-Essay von Isaiah Berlin, *The Hedgehog and the Fox* (1953).

✷ Biographie

Jahr	Ereignis
1899	Geboren in Wien am 8. Mai.
1917	Matura (Abitur) am Elisabeth Gymnasium in Wien 5, Rainergasse.
1917-1918	Kriegsdienst als Fähnrich in der k. u. k. Armee an der Italienfront.
1918 1921	Studium der Rechts- und Staatswissenschaften an der Universität Wien.
1921	Promotion zum Dr. jur. an der Universität Wien.
1921-1926	Anstellung im Abrechnungsamt für Österreichische Kriegsschulden in Wien.
1923	Promotion zum Dr. rer. pol.; Dissertation „Zur Problemstellung der Zurechnungslehre".
1923-1924	Aufenthalt in den USA (Forschungsassistent von Prof. Jeremiah W. Jenks an der New York University); Vorlesungen bei Wesley C. Mitchell an der Columbia University.
1926	Heirat mit Hella Fritsch; zwei Kinder, Christine (*1929) und Laurence (1934-2004).
1927-1931	Direktor des unter Mitwirkung von Hayek und Mises gegründeten Österreichischen Instituts für Konjunkturforschung.
1929	Habilitation zum Privatdozenten für Nationalökonomie und Statistik an der Universität Wien; Habilitationsschrift *Geldtheorie und Konjunkturtheorie.*

1931	Jänner: Vortrag an der London School of Economics and Political Science (LSE): *Prices and Production*; ab September: Gastprofessor an der LSE.
1932-1949	Tooke Professor of Economic Science and Statistics an der LSE.
1938	Nach dem „Anschluss" Österreichs an das Deutsche Reich Annahme der britischen Staatsbürgerschaft.
1944	*The Road to Serfdom;* Vortragsaufenthalt in den USA.
1947-1961	Gründung und erster Präsident der Mont Pèlerin-Society.
1949-1950	Gastprofessor an der University of Arkansas, Fayetville, USA.
1950	Scheidung von seiner ersten Frau Hella und Heirat mit Helene Bitterlich (vorm. Warhanek, 1900-1996).
1950-1962	Professor für Social and Moral Science am Committee on Social Thought der University of Chicago, USA.
1961	Ehrenpräsident der Mont Pèlerin-Society.
1962-1967	Professor der Volkswirtschaftslehre an der Albert-Ludwigs-Universität in Freiburg im Breisgau.
1964-1970	Vorstandsmitglied des Walter Eucken-Instituts.
1967-1968	Emeritierung; Lehrstuhlvertretung in Freiburg.
1970-1974	Gastprofessor an der Paris-Lodron-Universität in Salzburg.
1974	Nobelpreis für Wirtschaftswissenschaften.
1977	Rückkehr an die Universität Freiburg; Aufnahme in den Orden Pour le Mérite.
1978	Ehrenpräsident des Walter Eucken-Instituts.
1984	Mitglied des britischen Order of the Companions of Honour (auf Vorschlag Margaret Thatchers).

1991	U.S. Presidential Medal of Freedom (verliehen durch Präsident George Bush).
1992	Gestorben am 23. März in Freiburg; begraben auf dem Friedhof Neustift am Walde in Wien.

✳ Glossarium

Beschränkte Demokratie
Die Machtausübung durch die (wie immer bestimmte) Mehrheit des Volkes in der Demokratie wird beschränkt durch die **Herrschaft des Gesetzes**.

Deflation
Siehe **Inflation**.

Demarchie
Hayeks Vorschlag eines Zweikammer-Systems mit strikter Trennung von Gesetzgebung (im Sinne allgemeiner abstrakter Regeln) und Vollziehung, zur Verwirklichung einer **beschränkten Demokratie**.

Gelenkte Währung
Eine nationale Währung, die den Geldumlauf primär an nationalen Zielen oder Indikatoren ausrichtet, z. B. am Ziel der Preisniveaustabilität; gerät typischerweise in Konflikt mit den Regeln eines internationalen Währungssystems, daher Ausdruck des monetären Nationalismus.

Gleichgewicht
Eine Konstellation von individuellen Plänen (**Ordnung**), bei der alle Pläne miteinander vereinbar sind und sich daher die daran geknüpften Erwartungen realisieren lassen; Beispiel: das Marktgleichgewicht von Angebot und Nachfrage. Siehe auch **intertemporales Gleichgewicht**.

Goldstandard
International, ein auf festen Wechselkursen (Paritäten) zum Gold und freiem Goldverkehr basierendes Währungssystem; national, die Bindung des Geldumlaufes an die Goldreserven der Zentralbank; der funktionierende Goldstandard entzieht die (internationale und nationale) Geldpolitik – im Gegensatz zu einer **gelenkten Währung** – weitgehend der Möglichkeit staatlichen Eingriffs.

Großgesellschaft

Im Gegensatz zur **Stammesgesellschaft**, deren Kleinheit und Überschaubarkeit solidarisches Handeln ermöglicht, sind in der Großgesellschaft die Beziehungen zwischen den (untereinander „anonymen") Individuen durch allgemeine und abstrakte Regeln bestimmt.

Gruppenselektion

Im Gegensatz zur Selektion von Individuen, die das Überleben begünstigende Eigenschaften aufweisen, werden hierbei Gruppen (Populationen) aufgrund der Vorzüge der jeweils herrschenden Regeln oder Normen selektiert; ein Mechanismus der Gruppenselektion ist der Anstieg der Produktivität in der Bereitstellung der Subsistenzmittel.

Herrschaft des Gesetzes

Beschränkung der staatlichen Zwangsgewalt auf die Durchsetzung von allgemeinen abstrakten Regeln; dadurch Gewährleistung individueller Freiheit; synonym auch: **Rechtsstaat**.

Inflation

In der zeitgenössischen, auch von Hayek verwendeten Terminologie die Zunahme des Geldumlaufs (Abnahme: **Deflation**); heute üblich zur Bezeichnung von „Preisinflation", d. i. der Anstieg des Preisniveaus.

Inflationismus

Eine (Geld-)Politik, die zugunsten der Verwirklichung anderer Ziele (niedrige Zinsen, Vollbeschäftigung) das Entstehen von (Preis-)Inflation in Kauf nimmt; Hayeks Vorwurf gegen die Keynessche **Vollbeschäftigungspolitik**.

Intertemporales Gleichgewicht

Eine Anwendung des Konzepts des **Gleichgewichts** auf Pläne, die sich auf künftige Zeitpunkte beziehen, in denen sich die äußeren Umstände (die **wirtschaftlichen Daten**) der Entscheidungen ändern (im Gegensatz zum stationären Gleichgewicht, in dem diese Daten konstant bleiben); Vereinbarkeit der Pläne setzt hier vollkommene Voraussicht voraus.

Keynessche Revolution
Nach 1945 das Vordringen der auf Keynes und seine Schüler zurückgehenden Ideen einer makroökonomischen, über die Gesamtnachfrage wirkenden Steuerung der Wirtschaft mit dem Ziel der Vollbeschäftigung.

Komplexe Phänomene
Im Gegensatz zu einfachen Phänomenen sind diese durch das Zusammenwirken vieler, voneinander abhängiger Variablen charakterisiert, die nicht durch den Kalkül der Wahrscheinlichkeitstheorie erfasst werden können („organisierte Komplexität").

Konstruktivismus
Die Sichtweise, wonach gesellschaftliche Ordnung nur als Folge der Anwendung planerischen Kalküls – in Form einer **Organisation** – entstehen kann; synonym auch: konstruktivistischer Rationalismus, Szientismus.

Kulturelle Evolution
Der auf der **Gruppenselektion** basierende evolutionäre Prozess der Herausbildung der in einer Gesellschaft von deren Mitgliedern befolgten Regeln bzw. Normen.

Methodologischer Individualismus
Methodologisches Prinzip, wonach systemische (gesellschaftliche, wirtschaftliche) Ergebnisse aus den Handlungen von Individuen herzuleiten sind; das umfasst sowohl die Analyse des zielgerichteten Handelns der Individuen als auch des Zusammenwirkens der individuellen Handlungen.

Mustervoraussagen
Bei **komplexen Phänomenen** sind nur Voraussagen über die Eigenschaften der entstehenden **Ordnungen** möglich (Mustervoraussagen oder Erklärungen des Prinzips), nicht aber konkrete quantitative Prognosen.

Neutrales Geld

Der Zustand einer Geldwirtschaft, in der dasselbe **intertemporale Gleichgewicht** realisiert wird wie in einer (idealen) geldlosen Wirtschaft mit ansonsten gleichen **wirtschaftlichen Daten**.

Ordnung

Eine Konstellation von Regeln, die bei den sie befolgenden Individuen ein Verhalten herbeiführt, das deren Pläne vereinbar macht und deren Erwartungen erfüllt; eine solche Ordnung (Kosmos) ist **spontan**, wenn sie nicht das Ergebnis eines Planes ist, sondern sich aus den Handlungen der Individuen von selbst herausbildet.

Ordoliberalismus

Eine besonders im Nachkriegsdeutschland bedeutsame Variante des Liberalismus, der auch Hayek in seiner mittleren Phase nahe steht; der Ordoliberalismus schreibt dem Staat eine vergleichsweise aktivere Rolle bei der Setzung des institutionellen Rahmens der Wirtschaft zu, insbesondere bei der aktiven Herstellung einer Wettbewerbsordnung.

Organisation

Eine Konstellation von Anordnungen, die den Individuen ein bestimmtes Verhalten vorschreibt, mit dem Ziel einen in sich widerspruchsfreien einheitlichen Plan zu verwirklichen (Taxis).

Preisfächer

Eine Konstellation der Preise der in den einzelnen **Produktionsstufen** hergestellten Güter, wobei die **wirtschaftlichen Daten** auf den Zinssatz und den Preisfächer einwirken und dadurch eine bestimmte **Produktionsstruktur** herbeiführen; zentral ist der Einfluss der relativen Preise (Preisverhältnisse) auf die Produktionsstruktur.

Preissystem

Das Wunder des Preissystems besteht (nach Hayek) darin, dass es das unter den einzelnen Konsumenten und Produzenten verstreute Wissen zusammenfasst und die Knappheiten der verschiedenen Güter anzeigt.

Primäre Depression
Siehe **sekundäre Depression**.

Produktionsperiode
Ein Indikator, der durch die durchschnittliche Zeit, die vom Beginn der Produktion in der ersten bis zum Abschluss in der letzten **Produktionsstufe** vergeht, die Kapitalintensität der Produktion zu messen versucht; wie alle anderen kann auch dieser Indikator der Kapitalintensität diese Aufgabe nur unter restriktiven Annahmen über die **Produktionsstruktur** erfüllen.

Produktionsstruktur
Eine Konstellation von Güterverwendungen in der Produktion, als deren Ergebnis mittels einer bestimmten Kapitalausstattung Konsumgüter hergestellt werden.

Produktionsstufe
Eine vereinfachte Darstellung der **Produktionsstruktur** einer Wirtschaft, wobei die Güter nacheinander – auf dem Weg von der Urproduktion zum fertigen Konsumgut – eine Serie solcher Produktionsstufen durchlaufen: um das Gut der jeweiligen Stufe herzustellen, werden das Gut der vorigen Stufe und Arbeit eingesetzt.

Produktivitätsnorm
Aus dem Konzept des **neutralen Geldes** hergeleitete Norm für die Entwicklung des Preisniveaus; bei unverändertem Geldumlauf in einer wachsenden Wirtschaft muss das Preisniveau – invers zur Produktivität – fallen.

Rechtsstaat
Siehe **Herrschaft des Gesetzes**.

Sekundäre Depression
Im Gegensatz zur **primären Depression**, die im Sinne einer Reinigungskrise als Prozess zur Wiederherstellung des Gleichgewichts betrachtet wird, ist die sekundäre Depression (oder Deflation) ein funktionsloser, sich potentiell selbst verstärkender Prozess; um wiederum zum Gleichgewicht zurückzukehren, ist

möglicherweise die Unterstützung durch expansive Wirtschaftspolitik nötig, insofern liefert dies eine Rechtfertigung für **Vollbeschäftigungspolitik**.

Sozialismus
Der Versuch ein Wirtschaftssystem wie eine Organisation zu führen und einem einheitlichen Plan zu unterwerfen; die **Wirtschaftsrechnung** im Sozialismus scheitert an der Absenz von Preisen als Knappheitsanzeigern und an der Tatsache der **Wissensteilung**.

Sparen, freiwilliges und erzwungenes
Freiwilliges Sparen ist die Nicht-Konsumtion von Einkommen bzw. dessen Angebot auf dem Kapitalmarkt, wie sie den auf korrekten Erwartungen basierenden Plänen der Individuen entspricht. Erzwungenes Sparen geht aufgrund von fehlerhaften Erwartungen über das Ausmaß des freiwilligen Sparens hinaus, z.B. wegen eines nicht vorhergesehenen Anstiegs der Konsumgüterpreise.

Spontane Ordnung
Siehe **Ordnung**.

Stammesgesellschaft
Siehe **Großgesellschaft**.

Subjektivismus
Methodologisches Prinzip, wonach die individuellen Handlungen, und daraus abgeleitet die systemischen Ergebnisse, nicht von den objektiven Eigenschaften z.B. von Gütern abhängen, sondern vom subjektiven Wissen (den Wahrnehmungen und Erwartungen) der Individuen.

Überinvestition
Eine Investition, d.h. eine Ausdehnung des Kapitalstocks (bzw. der **Produktionsperiode**), die aufgrund **erzwungenen Sparens** über das Ausmaß der freiwillig verfügbaren Ersparnisbildung hinausgeht; daher nicht dauerhaft aufrecht erhaltbar und Ursache der Krise.

Vollbeschäftigungspolitik
Als Element der **Keynesschen Revolution** der Versuch Vollbeschäftigung durch Steuerung der Gesamtnachfrage zu sichern, ohne Berücksichtigung auf die sich in den Preisen ausdrückenden Knappheitsverhältnisse; birgt nach Hayek die Gefahr des **Inflationismus**.

Währungskonkurrenz
Zunächst Hayeks Vorschlag der freien Wahl der Währung, durch die in einem Land Zahlungsverpflichtungen erfüllt werden können – als Wahl zwischen staatlich kontrollierten Währungen; dann weitergehend der Vorschlag der privaten Währungskonkurrenz, des Angebots von Währungen durch Private (z.B. Geschäftsbanken).

Wirtschaftliche Daten
Die äußeren Bedingungen, die das mögliche Ergebnis eines Wirtschaftssystems bestimmen, wie z.B. die Präferenzen der Konsumenten, die Produktionsmöglichkeiten der Produzenten und die verfügbaren Bestände von Produktionsmitteln.

Wirtschaftsrechnung
Die Feststellung der für ein Wirtschaftssystem aus den **wirtschaftlichen Daten** resultierenden Knappheitsverhältnisse und die Ausrichtung der Produktionsentscheidungen an diesen Knappheiten.

Wissensteilung
Der Umstand, dass das Wissen über die für ein Wirtschaftssystem maßgeblichen **wirtschaftlichen Daten** nicht einem einzelnen Akteur gegeben, sondern unter die verschiedenen Mitglieder des Systems (Konsumenten, Produzenten) verstreut ist.

Wohlfahrtsstaat
Nach Hayek ein „kalter" **Sozialismus**, geleitet durch die Idee der Umverteilung, der staatlichen Produktion von (öffentlichen) Gütern und eines weitgehenden Systems der sozialen Sicherheit; durch die Kulmination der Eingriffe besteht die Gefahr, dass wie beim „heißen" Sozialismus des Zentralplans die Wirtschaft einem einheitlichen Ziel unterworfen wird.

✳ Wichtige Werke

***Geldtheoretische Untersuchungen* (unveröffentlichtes Manuskript, 1925-29)**
Was Sie über dieses Werk wissen sollten: Unvollständiges Buchfragment, enthält erste Ansätze zu Hayeks Geld- und Konjunkturtheorie; erhalten in Friedrich August Hayek Papers, box 105, folders 1-4, Hoover Institution Archives, Stanford University; Wiederabdruck in GS A-8 (2015a), Kapitel 9.

***Geldtheorie und Konjunkturtheorie* (Wien, 1929a; Nachdruck Salzburg, 1976)**
Was Sie über dieses Werk wissen sollten: Hayeks Habilitationsschrift, formuliert seinen Ansatz einer monetären Konjunkturtheorie; Wiederabdruck in GS A-9 (2016), Kapitel 1.

***Prices and Production* (London, 1931a, 2. erw. Aufl. 1935)**
Was Sie über dieses Werk wissen sollten: Die schriftliche Fassung von Hayeks Vorträgen an der LSE, skizziert den Mechanismus der Überinvestition als Krisenursache; Wiederabdruck in CW 7 (2012a).

***Preise und Produktion* (Wien, 1931b; Nachdruck 1976)**
Was Sie über dieses Werk wissen sollten: Die deutschsprachige Version von *Prices and Production* (1931a); Wiederabdruck in GS A-9 (2016), Kapitel 2.

***Beiträge zur Geldtheorie* (Hg. F. A. Hayek, Wien, 1933a; Nachdruck Berlin et al., 2007)**
Was Sie über dieses Werk wissen sollten: Enthält Beiträge von bedeutenden zeitgenössischen Autoren, darunter Johan Koopmans und Gunnar Myrdal.

***Collectivist Economic Planning* (Hg. F. A. Hayek, London, 1935)**
Was Sie über dieses Werk wissen sollten: Versammelt zentrale Beiträge von Hayek und Mises zur Wirtschaftsrechnungsdebatte; Wiederabdruck in CW 10 (1997), Part 1.

***Monetary Nationalism and International Stability* (Genf, 1937a)**
Was Sie über dieses Werk wissen sollten: Stellungnahme von Hayek zur Frage des internationalen Währungssystems (und gegen den monetären Nationalismus); Wiederabdruck in CW 6 (1999b), Kapitel 1; deutsch als "Monetärer Nationalismus und internationale Stabilität" in GS A-3 (2011), Kapitel 3.

***Profits, Interest, and Investment. And other essays on the theory of industrial fluctuations* (London, 1939)**
Was Sie über dieses Werk wissen sollten: Eine Sammlung von nach 1931 entstandenen Schriften zur Geld- und Konjunkturtheorie, enthält insbesondere Hayeks Formulierung des „Ricardo-Effekts".

***The Pure Theory of Capital* (London, 1941)**
Was Sie über dieses Werk wissen sollten: Hayeks Abschluss der österreichischen Kapitaltheorie; Wiederabdruck als CW 12 (2007a); deutsch als GS B-6 (2006a).

***The Road to Serfdom* (Chicago, 1944)**
Was Sie über dieses Werk wissen sollten: Hayeks populärstes Werk, die Warnung vor dem Sozialismus als Weg in den Totalitarismus; Wiederabdruck als *The Definitive Edition* in CW 2 (2007b); deutsch als GS B-1 (2004a).

***Individualism and Economic Order* (Chicago, 1948a)**
Was Sie über dieses Werk wissen sollten: Sammlung von nach 1937 entstandenen Beiträgen zur Wirtschaftstheorie und Sozialphilosophie; deutsch als Hayek (1952c).

***The Sensory Order: An enquiry into the foundations of theoretical psychology* (Chicago, 1952a)**
Was Sie über dieses Werk wissen sollten: Hayeks Beitrag zur Grundlegung der theoretischen Psychologie, das auf Studien aus den 1920er-Jahren zurückgeht; Wiederabdruck als CW 14 (2018), deutsch als GS B-5 (2006b).

***The Counter-Revolution of Science: Studies on the abuse of reason* (Glencoe, 1952b)**
Was Sie über dieses Werk wissen sollten: Sammlung der im Rahmen des „Abuse of Reason"-Projekts entstandenen Aufsätze, enthält Hayeks erste grundlegende Kritik an Szientismus und Konstruktivismus; Wiederabdruck als CW 13 (2010); deutsch als GS B-2 (2004b).

***The Constitution of Liberty* (Chicago, 1960)**
Was Sie über dieses Werk wissen sollten: Ein Hauptwerk zur Begründung eines positiven Programms des politischen und wirtschaftlichen Liberalismus; Wiederabdruck als *The Definitive Edition* in CW 17 (2011a); deutsch als GS B-3 (2005).

***Studies in Philosophy, Politics and Economics* (London, 1967a)**
Was Sie über dieses Werk wissen sollten: Sammlung von nach 1960 entstandenen Aufsätzen.

***Freiburger Studien: Gesammelte Aufsätze* (Tübingen, 1969a)**
Was Sie über dieses Werk wissen sollten: Sammlung von Aufsätzen aus der Zeit in Freiburg; offenbart insbesondere Hayeks Hinwendung zum Ansatz der kulturellen Evolution.

***Law, Legislation, and Liberty,* 3 Bde (Chicago, 1973, 1976a, 1979a)**
Was Sie über dieses Werk wissen sollten: Die Erweiterung des Programms der Constitution of Liberty unter dem neuen evolutorischen Gesichtspunkt; die einzelnen Bände behandeln den Gegensatz von Kosmos und Taxis, das Trugbild der sozialen Gerechtigkeit, und die Vereinbarkeit von Liberalismus und Demokratie; deutsch als GS B-4 (2003a).

Denationalisation of Money **(London, 1976b)**
Was Sie über dieses Werk wissen sollten: Enthält Hayeks revolutionären Vorschlag der Privatisierung der Geldproduktion; Wiederabdruck der 2. Aufl. (1978) in CW 6 (1999b), Kapitel 4; deutsch als Hayek (1977)

New Studies in Philosophy, Politics, Economics and the History of Ideas **(London, 1978a)**
Was Sie über dieses Werk wissen sollten: Sammlung von Aufsätzen aus dem Umkreis der in den 1970er-Jahren von Hayek verfolgten Themen.

Nobel Prize-Winning Economist **(Hg. Armen Alchian, Los Angeles, 1983a)**
Was Sie über dieses Werk wissen sollten: Eine Sammlung von 1978 im Rahmen des Oral History-Programms der UCLA durchgeführten Interviews mit Hayek, Interviewpartner waren Armen Alchian, Axel Leijonhufvud u. v. a.; eine wichtige autobiographische Quelle; verfügbar als Oral History transcript no. 300/224, Department of Special Collections, Charles E. Young Research Library, UCLA.

Der Strom der Güter und Leistungen **(Tübingen, 1984)**
Was Sie über dieses Werk wissen sollten: Ein Vortrag Hayeks an der LSE, 50 Jahre nach *Prices and Production*; ein Resumee seiner wichtigsten Erkenntnisse; Wiederabdruck in GS A-6 (2001), Kapitel 12.

The Fatal conceit: The errors of socialism **(Chicago-London, 1988)**
Was Sie über dieses Werk wissen sollten: Hayeks Spätwerk, eine letzte Abrechnung mit dem Sozialismus, die z.T. nicht mehr an die Schlüssigkeit seiner früheren Ansätze herankommt; erschienen als CW 1; deutsch als GS B-7 (2011b).

✱ Hilfreiche Links

www.hayek.de/

Website der deutschen Friedrich A. von Hayek Gesellschaft

www.walter-eucken-institut.de/

Website des Walter Eucken-Instituts in Freiburg mit vielen nützlichen Informationen zu Hayek, Eucken und zu Ordoliberalismus bzw. Ordnungsökonomik

http://public.econ.duke.edu/~bjc18/index.htm

Website von Bruce Caldwell, dem Reihen-Herausgeber der *Collected Works of F. A. Hayek*, mit vielen weiterführenden Hinweisen

http://cafehayek.com/

Blogs zu vorwiegend wirtschaftspolitischen Fragen aus der Perspektive der Hayekschen Theorie

http://austrianeconomists.typepad.com/

Blogs von Peter Boettke, Steve Horwitz und anderen Autoren der Austrian School

www.marginalrevolution.com/

Blogs von Tyler Cowen

www.econlib.org/

Die *Library of Economics and Liberty* enthält eine große Anzahl von Online-Versionen von Werken der Österreichischen Schule

http://mises.org/

Die Website des Mises-Instituts, das wie sein Namensgeber Beiträge aus einer radikal-liberalen Sicht bietet

http://it.stlawu.edu/sdae/

Die Website der Society for the Development of Austrian Economics, die u.a. auch die Zeitschrift *Review of Austrian Economics* herausgibt

http://hayekcenter.org/

Die Website, *Taking Hayek Seriously*, von Gregg Ransom enthält viele nützliche Informationen über und zu Hayek

www.oac.cdlib.org/findaid/ark:/13030/kt3v19n8zw/

Register des in den Hoover Institution Archives, Stanford University, aufbewahrten Hayek-Nachlasses (Friedrich A. von Hayek Papers)

✳ Zitierte Literatur

Werke von Hayek (Ausgaben gesammelter Werke):

The Collected Works of F. A. Hayek (begründet von W.W. Bartley III, fortgeführt von Stephen Kresge und nun herausgegeben von Bruce Caldwell, Chicago-London, 1988 ff.), 19 Bände, davon 17 erschienen (abgekürzt zitiert als CW).

The Fatal Conceit: The errors of socialism (Hg. W.W. Bartley III, 1988) (= CW 1).

The Trend of Economic Thinking: Essays on political economists and economic history (Hg. W.W. Bartley III & Stephen Kresge, 1991) (= CW 3).

The Fortunes of Liberalism: Essays on Austrian economics and the ideal of freedom (Hg. Peter G. Klein, 1992a) (= CW 4).

Hayek on Hayek: An autobiographical dialogue (Hg. Stephen Kresge & Leif Wenar, 1994).

Contra Keynes and Cambridge: Essays, correspondence (Hg. Bruce Caldwell, 1995) (= CW 9).

Socialism and War: Essays, documents, reviews (Hg. Bruce Caldwell, 1997) (= CW 10).

Good Money, Part I: The new world, and Part II: The standard (Hg. Stephen Kresge, 1999a, b) (= CW 5 und 6).

The Pure Theory of Capital (Hg. Lawrence White, 2007a) (= CW 12).

The Road to Serfdom: Texts and documents. The Definitive Edition (Hg. Bruce Caldwell, 2007b) (= CW 2).

Studies on the Abuse and Decline of Reason: Texts and documents (Hg. Bruce Caldwell, 2010) (= CW 13).

The Constitution of Liberty: The Definitive Edition (Hg. Ronald Hamowy, 2011a) (= CW 17).

Business Cycles, Part I and Part II (Hg. Hansjoerg Klausinger, 2012a, b) (= CW 7 und 8).

The Market and Other Orders (Hg. Bruce Caldwell, 2014) (= CW 15).

Capital and Interest (Hg. Lawrence H. White, 2015b) (= CW 11).

Hayek on Mill: The Mill-Taylor Friendship and Related Writings (Hg. Sandra J. Peart, 2015c) (= CW 16).

The Sensory Order and Other Writings on the Foundations of Theoretical Psychology (Hg. Viktor Vanberg, 2018) (= CW 14).

Gesammelte Schriften in deutscher Sprache von Friedrich A. von Hayek, in zwei Abteilungen: Aufsätze (A) und Bücher (B) (herausgegeben von Alfred Bosch, Manfred E. Streit, Viktor Vanberg, Reinhold Veit †, Tübingen, 2001 ff.), 16 Bände, (abgekürzt zitiert als GS).

Wirtschaft, Wissenschaft und Politik: Aufsätze zur Wirtschaftspolitik (Hg. Viktor Vanberg, 2001) (= GS A-6).

Grundsätze einer liberalen Gesellschaftsordnung: Aufsätze zur Politischen Philosophie und Theorie (Hg. Viktor Vanberg, 2002) (= GS A-5).

Recht, Gesetz und Freiheit (Hg. Viktor Vanberg, 2003a) (= GS B-4).

Rechtsordnung und Handelnsordnung: Aufsätze zur Ordnungsökonomik (Hg. Manfred E. Streit, 2003b) (= GS A-4).

Der Weg zur Knechtschaft (Hg. Manfred E. Streit, 2004a) (= GS B-1).

Missbrauch und Verfall der Vernunft (Hg. Viktor Vanberg, 2004b) (= GS B-2).

Wissenschaft und Sozialismus: Aufsätze zur Sozialismuskritik (Hg. Manfred E. Streit, 2004c) (= GS A-7).

Die Verfassung der Freiheit (Hg. Alfred Bosch & Reinhold Veit, 2005, 4. Aufl.) (= GS B-3).

Die reine Theorie des Kapitals (Hg. Erich W. Streissler, 2006a) (= GS B-6).

Die sensorische Ordnung: eine Untersuchung der Grundlagen der theoretischen Psychologie (Hg. Manfred E. Streit, 2006b) (= GS B-5).

Wirtschaftstheorie und Wissen: Aufsätze zur Erkenntnis- und Wissenschaftslehre (Hg. Viktor Vanberg, 2007c) (= GS A-1).

Die verhängnisvolle Anmaßung: die Irrtümer des Sozialismus (Hg. Viktor Vanberg, 2011b) (= GS B-7).

Entnationalisierung des Geldes. Schriften zur Währungspolitik und Währungsordnung (Hg. Alfred Bosch, Reinhard Veit † & Verena Veit-Bachmann, 2011c) (= GS A-3).

Geld und Konjunktur, Band I: *Frühe und unveröffentlichte Schriften*, 1924-1931 (Hg. Hansjörg Klausinger, 2015a) (= GS A-8).

Geld und Konjunktur, Band II: *Schriften, 1929-1969* (Hg. Hansjörg Klausinger, 2016) (= GS A-9).

Sozialwissenschaftliche Denker. Schriften zur Ideengeschichte (Hg. Alfred Bosch & Verena Veit-Bachmann, 2017) (= GS A-2).

Werke von Hayek (Einzelbeiträge):

Das intertemporale Gleichgewichtssystem der Preise und die Bewegungen des „Geldwertes" (1928), *Weltwirtschaftliches Archiv* 28, 33-76; Wiederabdruck in GS A-8 (2015), Kapitel 10.

Gibt es einen „Widersinn des Sparens"? (1929b), *Zeitschrift für Nationalökonomie* 1, 387-429; Wiederabdruck in GS A-8 (2015), Kapitel 11.

Kapitalaufzehrung (1932a), *Weltwirtschaftliches Archiv* 36, 86-108; Wiederabdruck in GS A-9 (2016), Kapitel 3.

Das Schicksal der Goldwährung (1932b), *Der Deutsche Volkswirt* 6, 642-645 und 677-681 (12. und 19. Februar); Wiederabdruck in GS A-3 (2011), Kapitel 1.

Die Bedeutung der New-Yorker Börsenhausse: Konjunkturumschwung? (1932c), *Neues Wiener Tagblatt*, 16 (21. August); Wiederabdruck in Machlup et al. (2005), Glosse B-44.

Über neutrales Geld (1933b), *Zeitschrift für Nationalökonomie* 4, 659-661; Wiederabdruck in GS A-9 (2016), Kapitel 4.

Der Stand und die nächste Zukunft der Konjunkturforschung (1933c), *Festschrift für Arthur Spiethoff* (Hg. Gustav Clausing, München), 110-117; Wiederabdruck in GS A-9 (2016), Kapitel 5.

The trend of economic thinking (1933d), *Economica* 13, 121-137.

Economics and knowledge (1937b), *Economica*, N.S. 4, 33-54; deutsch als „Wirtschaftstheorie und Wissen", in GS A-1 (2007c), Kapitel 10.

The Ricardo effect (1942), *Economica*, N.S. 9, 127-152; deutsch als „Der Ricardo-Effekt", in Hayek (1952c), Kapitel 11.

The „facts" of the social sciences (1943a), *Ethics* 54, 1-13; deutsch als „Die ‚Tatsachen' der Sozialwissenschaften", in GS A-1 (2007c), Kapitel 11.

A commodity reserve currency (1943b), *Economic Journal* 53, 176-184; deutsch als „Warenwährung", in Hayek (1952c), Kapitel 10.

The use of knowledge in society (1945), *American Economic Review* 35, 519-530; deutsch als „Die Verwertung des Wissens in der Gesellschaft“, in GS A-1 (2007c), Kapitel 5.

Individualism: true and false (1948b), Kapitel 1 von Hayek (1948a); deutsch als „Wahrer und falscher Individualismus“, in GS A-5 (2002), Kapitel 1.

The meaning of competition (1948c), Kapitel 5 von Hayek (1948a); deutsch als „Der Sinn des Wettbewerbs“, in GS A-4 (2003b), Kapitel 7.

Full employment, planning and inflation (1950), *Institute of Public Affairs Review* 4, 174-184; deutsch als „Vollbeschäftigung, Planwirtschaft und Inflation“, in GS A-6 (2001), Kapitel 8.

Individualismus und wirtschaftliche Ordnung (1952c), Erlenbach-Zürich.

Die Ungerechtigkeit der Steuerprogression (1952d); Wiederabdruck in GS A-6 (2001), Kapitel 17.

Degrees of explanation (1955), *British Journal of the Philosophy of Science* 6, 209-225, Wiederabdruck in Hayek (1967a), Kapitel 1.

Inflation from downward inflexibility of wages (1958); deutsch als „Inflation als Folge von Lohnstarrheit nach unten“, in GS A-6 (2001), Kapitel 9.

The theory of complex phenomena (1967b), Kapitel 2 von Hayek (1967a); deutsch als „Die Theorie komplexer Phänomene“, in GS A-1 (2007c), Kapitel 13.

Kinds of rationalism (1967c), Kapitel 5 von Hayek (1967a); deutsch als „Arten des Rationalismus“, in GS A-1 (2007c), Kapitel 6.

Die Ergebnisse menschlichen Handelns, nicht menschlichen Entwurfs (1969b), in Hayek (1969a), 97-107, Wiederabdruck in GS A-4 (2003b), Kapitel 13.

Dr. Bernard Mandeville (1969c), in Hayek (1969a), 126-143; Wiederabdruck in GS A-2 (2017), Kapitel 9.

Rechtsordnung und Handelnsordnung (1969d), in Hayek (1969a), 161-198, Wiederabdruck in GS A-4 (2003b), Kapitel 4.

Der Wettbewerb als Entdeckungsverfahren (1969e), in Hayek (1969a), 249-265, Wiederabdruck in GS A-4 (2003b), Kapitel 9.

Choice in Currency: A way to stop inflation (1976c), London; deutsch als „Freie Währungswahl“, in GS A-6 (2001), Kapitel 11, Abschnitt 4.

Entnationalisierung des Geldes (1977), Tübingen; Wiederabdruck in GS A-3 (2011c), Kapitel 5.

Two types of mind (1978b), Kapitel 4 in Hayek (1978a); deutsch als „Zwei Arten des Denkens“, in GS A-1 (2007c), Kapitel 4.

The campaign against Keynesian inflation (1978c), Kapitel 13 in Hayek (1978a); deutsch als „Der Feldzug gegen die keynesianische Inflation“, in GS A-6 (2001), Kapitel 11.

Wissenschaft und Sozialismus (1979b), Wiederabdruck in GS A-7 (2004c), Kapitel 4.

The muddle of the middle (1983b), in *Philosophical and Economic Foundations of Capitalism* (Hg. Svetozar Pejovich), Lexington, 89-100.

The economics of the 1920s as seen from Vienna (1992b), Prologue in CW 4 (1992a).

Werke anderer Autoren:

Barro, Robert J. & David B. Gordon (1983): A positive theory of monetary policy in a natural-rate model, *Journal of Political Economy* 9, 589-610.

Berlin, Isaiah (1953): *The Hedgehog and the Fox: An essay on Tolsatoj's view of history,* London.

Böhm, Stephan (2009): Friedrich August von Hayek (1899-1992), in *Klassiker des ökonomischen Denkens,* Band 2: *Von Vilfredo Pareto bis Amartya Sen* (Hg. Heinz D. Kurz), München, 228-249.

Boettke, Peter (2018): *F. A. Hayek: Economics, Political Economy and Social Philosophy,* London.

Borchardt, Knut (1978): *Wachstum, Krisen, Handlungsspielräume der Wirtschaftspolitik. Studien zur Wirtschaftsgeschichte des 19. und 20. Jahrhunderts,* Göttingen.

Bordo, Michael D., John Landon Lane & Angela Redish (2009): Good versus bad deflation: lessons from the gold standard era, in *Monetary Policy in Low Inflation Economies* (Hg. D.E. Altig & E. Nosal), Cambridge.

Caldwell, Bruce (1988): Hayek's transformation, *History of Political Economy* 20, 513-541.

(1992): Hayek the falsificationist? A refutation, *Research in the History of Economic Thought and Methodology* 10, 1-15.

(2004): *Hayek's Challenge: An intellectual biography of F. A. Hayek.* Chicago.

(2011): Hayek on socialism and the welfare state: A comment on Farrant and McPhail, *Challenge* 54, 82-97.

& Leonidas Montes (2015): Friedrich Hayek and his visits to Chile, *Review of Austrian Economics* 28, 261-309.

Cassel, Gustav (1918): *Theoretische Sozialökonomie*, Leipzig.

Cohen, Avi J. & Geoffrey C. Harcourt (2003): Whatever happened to the Cambridge capital controversies? *Journal of Economic Perspectives* 17, 199-214.

Colonna, Marina & Harald Hagemann, Hg. (1994a): *The Economics of F. A. Hayek*, vol. 1: *Money and Business Cycles*, Aldershot.

& Omar F. Hamouda, Hg. (1994b): *The Economics of F. A. Hayek*, vol. 2: *Capitalism, Socialism and Knowledge*, Aldershot.

Desai, Meghnad & Paul Redfern (1994): Trade cycle as a frustrated traverse: an analytical reconstruction of Hayek's model, in Colonna et al., Hg. (1994a), 121-143.

Dowd, Kevin & David Greenaway (1993): Currency competition, network externalities and switching costs: towards an alternative view of optimum currency areas, *Economic Journal* 103, 1180-1189.

Ebenstein, Alan (2003): *Friedrich Hayek: A biography*, Chicago.

Farrant, Andrew & Edward McPhail (2009): Hayek, Samuelson, and the logic of the mixed economy? *Journal of Economic Behavior & Organisation* 69, 5-16.

(2011): A response to Caldwell on F. A. Hayek and *The Road to Serfdom*, *Challenge* 54, 98-112.

Feser, Edward, Hg. (2006): *The Cambridge Companion to Hayek*, Cambridge et al.

Fisher, Irving (1911): *The Purchasing Power of Money*, New York.

Friedman, Milton (1953): *Essays in Positive Economics*, Chicago.

(1970): *Die optimale Geldmenge und andere Essays*, München.

& Anna J. Schwartz (1965): *A Monetary History of the United States, 1867-1960*, Princeton.

(1987): Has government any role in money?, in Anna J. Schwartz, Hg., *Money in Historical Perspective*, Chicago, 289-314.

Garrison, Roger (2001): *Time and Money: the macroeconomics of capital structure*, Abingdon-New York.

(2004): Overconsumption and forced saving in the Mises-Hayek theory of the business cycle, *History of Political Economy* 36, 323-349.

& Norman Barry, Hg. (2014): *Elgar Companion to Hayekian Economics*, Cheltenham.

Gordon, Robert J., Hg. (1986): *The American Business Cycle: Continuity and change*, Chicago-London.

Gray, John (1984): *Hayek on Liberty*, Oxford.

Haberler, Gottfried (1931): Die Kaufkraft des Geldes und die Stabilisierung der Wirtschaft, *Schmollers Jahrbuch für Gesetzgebung, Verwaltung und Volkswirtschaft im Deutschen Reich* 55, 993-1023.

Hagemann, Harald & Hans-Michael Trautwein (1998): Cantillon and Ricardo effects: Hayek's contributions to business cycle theory, *European Journal of the History of Economic Thought* 5, 292-316.

Hennecke, Hans Jörg (2000): *Friedrich August von Hayek. Die Tradition der Freiheit*, Düsseldorf.

Hicks, John (1973): *Capital and Time: A neo-Austrian theory*, Oxford.

Hoppe, Hans-Hermann (1994): F. A. Hayek on government and social evolution: A critique, *Review of Austrian Economics* 7, 67-93.

Horwitz, Steven (2000): *Microfoundations and Macroeconomics: an Austrian perspective*, London.

Hutchison, Terence W. (1981): *The Politics and Philosophy of Economics: Marxians, Keynesians, and Austrians*, Oxford.

James, Harold (2003): *Europe Reborn: A History, 1914-2000*, Princeton.

Janssen, Hauke (2009): *Nationalökonomie und Nationalsozialismus*, 3. Aufl., Marburg.

Kaldor, Nicholas (1942): Professor Hayek and the concertina effect, *Economica*, N.S. 9, 359-382; Wiederabdruck in CW 8 (Hayek 2012b), Kapitel 10.

Keynes, John Maynard (1923): *A Tract on Monetary Reform*, London; Wiederabdruck als *The Collected Writings of John Maynard Keynes* (= CW-JMK) 4, London, 1971a.

(1930): *A Treatise on Money*, 2 Bde, London; Wiederabdruck als CW-JMK 5 und 6, London, 1971b.

(1936): *The General Theory of Employment, Interest, and Money*, London; Wiederabdruck als CW-JMK 7, London, 1973.

(1943): The objective of international price stability, *Economic Journal* 53, 185-187; Wiederabdruck in *Activities 1941-1946: Shaping the post-war world, Bretton Woods and reparations* (= CW-JMK 26), London, 1980, 30-33.

Kindleberger, Charles P. (1986): *The World in Depression, 1929-1939*, Berkeley et al.

Kirzner, Israel (1978): *Wettbewerb und Unternehmertum*, Tübingen.

Klausinger, Hansjörg (2005): "Misguided monetary messages": The Austrian case, 1931-34, *European Journal of the History of Economic Thought* 12, 25-45.

(2012a): Introduction, in CW 7 (Hayek 2012a), 1-45.

(2012b): Introduction, in CW 8 (Hayek 2012b), 1-43.

Kolev, Stefan (2013): *Neoliberale Staatsverständnisse im Vergleich*. Stuttgart.

Konrad, Helmut & Wolfgang Maderthaner, Hg. (2008): *Das Werden der Ersten Republik. ... der Rest ist Österreich*, 2 Bde, Wien.

Koopmans, Johan (1933): Zum Problem des Neutralen Geldes, in Hayek, Hg. (1933a), 211-359.

Lachmann, Ludwig (1976): From Mises to Shackle: An essay on Austrian economics and the kaleidic society, *Journal of Economic Literature* 14, 54-62.

Lavoie, Don (1985): *Rivalry and Central Planning: The socialist calculation debate reconsidered*, Cambridge et al.

Lawson, Robert A. & J. R. Clark (2010): Examining the Hayek-Friedman hypothesis on economic and political freedom, *Journal of Economic Behavior & Organisation* 74, 230-239.

Leijonhufvud, Axel (1981): *Information and Coordination: Essays in macroeconomic theory*, New York-Oxford.

Leube, Kurt R., Hg. (1984): *The Political Economy of Freedom: Essays in honor of F. A. Hayek*, München-Wien.

Luther, William J. (2011): Friedman versus Hayek on private outside monies: New evidence for the debate, Washington (Working Paper, George Mason University).

Machlup, Fritz (1933): Indexwährung, *Der Österreichische Volkswirt* 25/2, 42, 1011-1014 (15. Juli).

Hg. (1977): *Essays on Hayek*, London.

& al. (2005): *Wirtschaftspublizistische Beiträge in kritischer Zeit (1931-1934)*, Hg. Hansjörg Klausinger, Marburg.

Menger, Carl (1871): *Grundsätze der Volkswirtschaftslehre*, Wien; Nachdruck Düsseldorf, 1990.

Milgate, Murray (1979): On the origin of the notion of "intertemporal equilibrium", *Economica*, N.S. 46, 1-10.

Mirowski, Philip (2007): Naturalizing the market on the road to revisionism: Bruce Caldwell's *Hayek's challenge* and the challenge of Hayek interpretation, *Journal of Institutional Economics* 3, 351-372.

Mises, Ludwig (1912): *Theorie des Geldes und der Umlaufsmittel*, München, 2. erw. Aufl. 1924; Nachdruck 2005.

(1922): *Die Gemeinwirtschaft: Untersuchungen über den Sozialismus*, Jena; Nachdruck Düsseldorf, 1996.

(1927): *Liberalismus*, Jena.

(1931): *Die Ursachen der Wirtschaftskrise: ein Vortrag*, Tübingen.

Mitchell, B.R. (1992): *International Historical Statistics: Europe 1750-1988*, New York.

O'Driscoll, Gerald P. (1977): *Economics as a Coordination Problem: the contributions of Friedrich A. Hayek*, Kansas City.

Polanyi, Michael (1985): *Implizites Wissen*, Frankfurt/Main.

Radner, Roy (1972): Existence of equilibrium of plans, prices and price expectations in a sequence of markets, *Econometrica* 40, 289-303.

Robbins, Lionel (1934): *The Great Depression*, London; Nachdruck Auburn, 2007.

Röpke, Wilhelm (1931): Praktische Konjunkturpolitik. Die Arbeit der Brauns-Kommission, *Weltwirtschaftliches Archiv* 34, 423-464.

(1932): *Krise und Konjunktur*, Leipzig.

(1933): Trends in German business cycle policy, *Economic Journal* 43, 427-441.

(1936): *Crises and Cycles*, London; Nachdruck Auburn, 2007.

Samuelson, Paul A. (2001): A modern post-mortem on Böhm's capital theory: its vital normative flaw shared by pre-Sraffian mainstream capital theory, *Journal of the History of Economic Thought* 23, 301-317.

Schumpeter, Joseph (1908): *Das Wesen und der Hauptinhalt der theoretischen Nationalökonomie*, Leipzig; Nachdruck Düsseldorf, 1991.

(1911): *Theorie der wirtschaftlichen Entwicklung*, Leipzig; Nachdruck Berlin, 2006; 2. Aufl. 1924.

(1946): *Kapitalismus, Sozialismus und Demokratie*, Bern; 8. Aufl. 2005.

Seabright, Paul (2004): *The Company of Strangers: A natural history of economic life*, Princeton.

Seldon, Arthur, Hg. (1981): *The Emerging Consensus ? Essays on the interplay between ideas, interests and circumstances in the first 25 years of the IEA*, London.

Selgin, George (1995): The "productivity norm" versus zero inflation in the history of economic thought, *History of Political Economy* 27, 705-735.

Shackle, G.L.S. (1972): *Epistemics and Economics: A critique of economic doctrines*, Cambridge.

Shearmur, Jeremy (1996): *Hayek and After: Hayekian liberalism as a research programme*, London.

Simons, Henry C. (1994): Banking and currency reform, memorandum, dated November 17, 1933, *Research in the History of Economic Thought and Methodology, Archival Supplement* 4, 31-49.

Sraffa, Piero (1932): Dr. Hayek on money and capital, *Economic Journal* 42, 42-53; Wiederabdruck in CW 9 (Hayek 1995), Kapitel 7.

Steedman, Ian (1994): On *The Pure Theory of Capital* by F. A. Hayek, in Colonna et al., Hg. (1994b), 3-25.

Streissler, Erich, Hg. (1969): *Roads to Freedom: Essays in honor of Friedrich A. von Hayek*, London.

Vanberg, Viktor J. (2001): *The Constitution of Markets: Essays in political economy*, London.

Hg. (2011): *Hayek Lesebuch*, Tübingen.

✱ Stichwörter und Personen